CAMBIA TODO

Acerca de la autora

A Leticia Gasca le apasiona entender los cambios en la naturaleza del trabajo, así como las formas en las que podemos moldear la transformación laboral y digital.

Leticia es co-chair del Comité Directivo de Educación y Empleo de la Comunidad de Global Shapers del Foro Económico Mundial, donde dirige el proyecto Shaping the Future of Work que busca identificar los retos y oportunidades del futuro del trabajo.

La autora tiene estudios de posgrado en ciencia de datos aplicada al capital humano por la Universidad de Nueva York (NYU) y se especializa en la planeación estratégica de la transformación de la fuerza laboral.

Leticia es fundadora del Skills Agility Lab, del Failure Institute y del movimiento FUN Nights. Ha impartido conferencias en las Naciones Unidas, la Universidad de Stanford, la Cumbre Global de Emprendimiento, el Foro de Forbes y en eventos oficiales de TED.

Es autora del libro Sobrevivir al Fracaso y columnista de varios diarios y revistas.

CAMBIA TODO

PORQUE TODO CAMBIA

Estrategias para abrazar la transformación y adaptarte al nuevo mundo laboral

Por: Leticia Gasca

Dedico este libro a mi madre, ejemplo de resiliencia, disciplina y fortaleza.

CONTENIDO

Un acertijo: Jack Ma, Davos y las tres palabras que lo iniciaron todo

Esta historia comienza en un pueblo al pie de una cordillera nevada en Suiza. Para ser más precisa, empieza una mañana de enero, en el World Economic Forum en Davos, una de las conferencias más importantes del planeta. Durante cuatro días, el silencio invernal de los Alpes es interrumpido por el ruido de las aspas de los helicópteros y los motores de los jets privados: son los vehículos de los incontables presidentes, CEOs, economistas y pensadores que cada año asisten al Foro.

En las calles congeladas de esa idílica ciudad los asistentes deben caminar con ayuda de picos de metal que se ajustan a los zapatos. No es improbable, en ese trance tan mundano, cruzarse por la calle lo mismo con un premio Nobel de economía que con Bono, líder de U2. Tampoco es imposible encontrarse a Angela Merkel en el tocador o a Mark Zuckerberg en la butaca contigua de un auditorio, momentos antes de que inicie una conferencia atiborrada.

Durante los cuatro días en que el pueblo se transforma en epicentro político del mundo, Davos se vuelve también arena pública, el espacio donde los más destacados pensadores globales se reúnen para reflexionar sobre los grandes problemas que enfrenta la humanidad. Es, además, una plataforma para concientizar sobre las crisis inminentes —económicas, climáticas y sociales, pues también hay espacio para el activismo y las ONGs—, proponer rutas de acción y generar compromisos por parte de los actores involucrados.

En 2019 asistí por primera vez al Foro Económico Mundial. Aquí, donde uno de cada tres es CEO, presidente de un país o un poderoso inversionista, impresionar al público no resulta sencillo.

Me llamó la atención, entonces, que solo en dos ocasiones se les diera a los conferencistas un tratamiento de lo más venerable, que me recordó al que suele dársele a las quinceañeras en México, donde la festejada no entra hasta que todos en la sala están sentados y callados.

La primera vez que lo presencié fue durante una sesión con el profesor Klaus Schwab, autor de *La Cuarta Revolución Industrial* y fundador de este punto de encuentro global.

La segunda vez que fui testigo de este distinguido tratamiento fue en una reunión con el emprendedor Jack Ma, fundador de Alibaba, la gigantesca firma de comercio electrónico valorada en 500 mil millones de dólares.

Jack Ma es un hombre de sonrisa fácil, quizá por eso luce de treinta y tantos aunque en realidad tiene 54 años. Es el hombre más rico de China, pero él nunca olvida que proviene de una familia humilde. Sus padres eran músicos y narradores, y no ganaban lo suficiente como para considerarse de clase media.

Ma emprendió desde la infancia. Cuando era niño daba tours gratuitos en inglés para extranjeros. La escuela, sin embargo, nunca fue su fuerte. Intentó diez veces ser admitido a la Universidad de Harvard y las diez veces fue rechazado. Después aplicó a la Universidad Normal de Hangzhou y logró entrar hasta el cuarto intento. Tras graduarse, trabajó como profesor de inglés en la Universidad de Hangzhou Dianzi con una paga mensual de 12 dólares.

En 1995, Jack Ma visitó Estados Unidos para un proyecto gubernamental relacionado con la construcción de autopistas. Fue ahí que descubrió el internet y las computadoras. En esa época, las computadoras eran inusuales en China y pocos tenían acceso a internet. El emprendedor cuenta que la primera palabra que ingresó al buscador fue "cerveza", la cual arrojó resultados de todos los lugares del mundo. Luego buscó "China" y no apareció un solo resultado. Decidió que era hora de que China y sus habitantes se conectaran a internet.

Jack regresó a su país, convenció a diecisiete amigos de que invirtieran en su nueva empresa y comenzó Alibaba desde su departamento. En ese entonces Ma tenía 31 años, no sabía programar, y su experiencia como vendedor era nula. Así, sin otra virtud más que el arrojo, Jack concretó su sueño.

Dada su historia de origen, no extraña que Jack Ma reciba esta clase de trato: el de un auténtico *rockstar* del emprendimiento. Seguramente los organizadores temían que alguno de los 30 *groupies* que logramos un espacio en esa sesión no aguantáramos las ganas de ir a saludarlo o pedirle una *selfie* (al final, él mismo desenfundó un *selfie-stick* y se tomó una foto con nosotros).

Durante su conferencia, Jack Ma permitió que le preguntáramos lo que quisiéramos. Desde luego, yo no iba a dejar pasar esta oportunidad. Él es un gran hacedor y pensador, así que decidí compartirle un tema que llevaba un tiempo rondándome la mente.

La tecnología cambiará radicalmente el mundo laboral y por eso cada vez hablamos más sobre las habilidades para el llamado "futuro del trabajo" (que es más bien la actualidad laboral, no necesariamente el futuro). Sin embargo, creo que estamos prestando poca atención a una conversación más relevante, la de las habilidades más importantes para el futuro de la humanidad.

Hay que recordar que, por distintos motivos, muchas personas no trabajan. Debido a la automatización tecnológica, es posible que con el tiempo esta situación se vuelva más común. ¿No es importante pensar en las habilidades necesarias para prosperar como especie, sin importar si el ser humano trabaja o está desempleado, si es subempleado o es *freelancer*?

Así que decidí levantar la mano y preguntarle a Jack Ma cuál consideraba la habilidad más importante para el futuro de la humanidad.

¿Su respuesta?

To embrace change.

Aceptar y abrazar el cambio.

Acerca del verbo *embrace*

La palabra *embrace* no tiene una traducción directa al español. Quizás la más sencilla sea *abrazar*, pero los significados no son idénticos. En inglés, el verbo *embrace* va más allá de un apretón físico, de envolver a alguien entre tus brazos. *To embrace* implica un proceso de convencimiento y aceptación. Es posible que antes haya habido un poco de suspicacia y de resignación, pero para *abrazar* del modo en que lo sugiere Jack Ma, tenemos que haber disipado dudas y aceptado que todo cambia. Por eso, no podemos descartar la posibilidad de cambiarlo todo.

To *embrace* es abrazar y aceptar el reto con gusto. O como decimos en México: *Al mal tiempo, buena cara.*

COVID-19 y las tres Zs: *Zoomers*, *Zeros* y generación Z

Hace un par de años, cuando empecé a escribir este libro, el mundo era otro. En aquel entonces, una época que ya se siente lejana, mi principal preocupación se centraba en el futuro del trabajo, en cómo abrazar los cambios tecnológicos y laborales que ya estaban ocurriendo y se incrementarían en los próximos años.

Yo sabía que el futuro laboral no sería forjado únicamente por la tecnología: otras fuerzas igual de poderosas e inminentes estaban a punto de transformar la naturaleza del trabajo de manera radical. Entre estas fuerzas estaban el cambio climático, la migración y el envejecimiento de la población.

A inicios de 2020, sin embargo, una certeza fue cobrando forma: que la humanidad tendría que abrazar un cambio mucho mayor. Un nuevo factor estaba a punto de causar un cambio veloz e inesperado: la emergencia sanitaria provocada por el nuevo coronavirus.

El SARS-CoV-2 no solo puso de rodillas a los sistemas sanitarios de varios de los países más poderosos del mundo y causó cientos de miles de muertes, también aceleró la transformación digital de organizaciones de todos tamaños y de todas las latitudes. Muchas empresas que en otro escenario hubieran optado por contratar consultores carísimos para planear y ejecutar una minuciosa transición digital a lo largo de dos años, ante la emergencia sanitaria tuvieron que hacerlo en tan solo cinco días porque los colaboradores ya no podían reunirse en el espacio físico de la oficina para trabajar. Trabajar desde casa, entonces, se hizo imperativo para muchas personas.

La crisis global del coronavirus ha avanzado a una velocidad que el mundo no conocía. Según estimaciones de JPMorgan Chase, la institución bancaria más grande de Estados Unidos, la economía mundial se contrajo un 12% de enero a marzo de 2020. Pocos países o industrias están protegidos contra este choque económico sin precedentes.

Mientras escribo estas palabras, los gobiernos de varios países empiezan a levantar lentamente las cuarentenas, y una tercera parte de la población del mundo se encuentra aislada en sus hogares. Hasta que se produzca una vacuna, viviremos periodos de distanciamiento social que podrían extenderse durante varios años. El Imperial College of London estima que el coronavirus nos obligará a guardar distancia de otras personas durante los próximos doce o dieciocho meses. La pandemia cambiará la forma en que comemos, trabajamos, compramos, hacemos ejercicio, cuidamos nuestra salud, socializamos y pasamos nuestro tiempo libre.

De hecho, en cuestión de meses la pandemia incrementó la polarización laboral y la precarización del empleo. Las divisiones entre profesionales, trabajadores con salarios bajos y los jóvenes son más palpables que nunca.

Los más afortunados son quienes pueden trabajar fácilmente desde casa y su día laboral transcurre a través de videollamadas de Zoom u otras herramientas. La mayoría de los "Zoomers" conserva su salario y su empleo, para ellos, la cuarentena puede ser un inconveniente (especialmente si tienen hijos), pero no es un riesgo para sus estándares de vida.

Para muchas otros, la pandemia es una amenaza seria, pues al ser considerados trabajadores clave no pueden dejar de asistir al lugar de trabajo y tienen más riesgo de contraer el virus.

Muchas otras personas no pueden desempeñar su trabajo desde casa y han perdido su empleo. Algunos llaman a este segmento los "zeros" (cero en inglés). Desde antes de la pandemia, éste segmento estaba en una posición menos privilegiada que los Zoomers, pues tenían menos seguridad laboral y salarios más bajos.

Otra gran brecha se abre para la generación Z, los nacidos entre 1995 y 2005. Sin importar su nivel educativo o social, se enfrentarán a un mercado laboral hostil. Ni siquiera los universitarios están exentos y encontrar su primer empleo será un reto. Durante la primera semana de mayo de 2020 se publicaron menos de 2,500 oportunidades de pasantías o *internships* en el portal de empleo Monster.com. Durante la misma semana del año pasado se publicaron 18,000.

No podemos hablar del "futuro del trabajo" como si fuera solo uno. Hay múltiples futuros y presentes laborales. El impacto diferenciado que COVID-19 ha tenido en los *Zoomers*, los *zeros* y la generación Z es un claro ejemplo.

A largo plazo, los efectos colaterales de la pandemia se irán agravando: el desempleo a gran escala será acompañado por la bancarrota masiva de negocios; el cierre de fronteras dará pie al surgimiento de nuevas leyes y restricciones, atizadas por la xenofobia y el populismo que ya reinaban en diversas regiones del planeta.

Los cambios en el día a día provocados por el COVID-19 serán profundos, tanto que algunos actores como la consultora Board of Innovation hablan de un nuevo tipo de economía: la *low touch economy* o "economía del mínimo contacto". La denominan así porque ahora las transacciones económicas se desarrollan en un entorno de reuniones de aforo limitado, restricciones de viaje y requisitos estrictos de higiene. En lo personal, ¡nunca imaginé que tantos amigos tendrían citas románticas a través de la plataforma de videoconferencias Zoom!

La presencia del coronavirus nos ha hecho hiper conscientes de cada superficie táctil que podría transmitir la enfermedad. Por esta razón se pronostica que en el mundo posterior al COVID-19 haya menos pantallas táctiles y más interfaces de voz y de visión artificial. Antes de la pandemia, ya era posible pagar sin contacto a través de dispositivos móviles en algunos comercios. Ésa y otras tendencias similares crecerán.

Un ejemplo concreto de esta nueva economía de escaso contacto es la Fórmula 1. Tras la cancelación del Gran Premio de Australia, pilotos como Max Verstappen o Lando Norris se embarcaron en carreras virtuales que fueron un éxito rotundo. Más de un millón de espectadores vieron los Grandes Premios de Australia alternativos que organizó Veloce eSports. Dado el interés suscitado, la Fórmula 1 anunció la creación de un mundial virtual en el que participarán los mejores pilotos del mundo.

Hace un par de años llegué a la conclusión de que la habilidad más importante que los seres humanos debíamos desarrollar era la agilidad al cambio, es decir, la capacidad de adaptarnos a nuevas circunstancias rápidamente. Esta habilidad, por sí misma, se alimenta de otras como el pensamiento crítico y el aprender a aprender. La crisis sanitaria provocada por el coronavirus me confirmó que la adaptabilidad es la habilidad más importante y que, como dijo Darwin, el que sobrevive no es el más fuerte ni el más veloz, sino el que se adapta más rápidamente.

En los siguientes párrafos compartiré algunas reflexiones sobre las maneras en que el COVID-19 ha transformado el mundo laboral. Antes, no obstante, quiero aclarar que predecir los efectos del cambio es difícil, pero una cosa parece segura: los cambios serán proporcionales a la duración de la emergencia sanitaria.

Trabajo distribuido

Mientras escribo estas palabras, a mediados de mayo, 2020, la tercera parte de la humanidad está encerrada en sus hogares, y muchas personas nunca volverán a la oficina. Hace algunos días Jack Dorsey, CEO de Twitter, envió un correo electrónico a sus empleados, informándoles que les permitiría trabajar desde casa de forma permanente, incluso después de terminada la cuarentena. Un par de días después, Mark Zuckerberg, CEO de Facebook, hizo un anuncio similar en una transmisión en vivo.

Sin embargo, la experiencia de trabajar en una oficina no desaparecerá por completo. Las oficinas seguirán existiendo, pero el diseño de los espacios de trabajo cambiará. En muchos casos, las oficinas abiertas serán divididas por cubículos y los colaboradores acudirán a trabajar en horarios escalonados para evitar las aglomeraciones.

Después de la pandemia seguiremos teniendo más videollamadas y menos reuniones en persona, pues esta crisis nos ha mostrado que no es necesario cruzar la ciudad (ni el planeta) para tener una junta de una hora.

A esta altura de la cuarentena, mientras escribo estas líneas, cada vez más personas descubren que trabajar desde casa tiene, como todo, aspectos positivos y negativos.

Esta nueva modalidad hará más fácil el acceso al trabajo de algunas personas que antes se veían expulsadas del sistema (como las personas con alguna discapacidad, así como las que se encargan de los cuidados en el hogar).

Millones de empresas descubrirán, además, que no necesitan que sus colaboradores asistan todos los días a la oficina. A mediano y largo plazo, estas compañías se darán cuenta de que las actividades que pueden llevarse a cabo de forma remota pueden, de hecho, ser realizadas por trabajadores altamente calificados en países de bajo costo. Como consecuencia, los trabajos se trasladarán, primero, de presencial a doméstico remoto; y con el tiempo pasarán de doméstico remoto a remoto en el extranjero.

Al mismo tiempo, los colaboradores encontrarán que pueden trabajar desde su casa para empresas de todo el mundo. Esta posibilidad abrirá los horizontes laborales de millones de personas.

Si hay alguien que desde antes de la pandemia tuvo claros los beneficios del trabajo distribuido es Matt Mullenweg, quien creó WordPress a los 19 años. Hoy, esta firma tecnológica está valuada en más de mil millones de dólares, pero nunca verás el logotipo de WordPress en la cima de un edificio de oficinas.

La razón es muy simple: Automattic, la empresa matriz de WordPress, no tiene una sede física. Sus más de 850 empleados se encuentran dispersos en 70 países.

Cuando Matt creó WordPress sabía que era posible ser más productivo, saludable y feliz trabajando desde casa. Y tras varios años de práctica y reflexión, concluyó que las organizaciones distribuidas (es decir, aquellas en las que cada colaborador trabaja desde una ubicación diferente) pueden tener cinco etapas de desarrollo:

1. Nivel básico

Antes de la crisis del COVID-19, el 90% de las organizaciones del mundo se hallaban en esta etapa. El nivel básico se caracteriza por ser una etapa en la que, si ocurre una emergencia que te impide ir a la oficina, puedes hacer unas cuantas cosas desde tu celular, pero gran parte de tu trabajo se detiene.

2. Teletrabajo

En dicha etapa se intenta recrear el trabajo de oficina desde la casa, lo que incluye los horarios y la forma de supervisar el trabajo. Las organizaciones que están en este nivel tienen algunas herramientas para que la gente trabaje desde su hogar y casi toda la actividad es sincrónica, es decir, se espera que la comunicación suceda casi en tiempo real.

3. Trabajo virtual aumentado

La colaboración y la capacidad de escribir con claridad son las habilidades más importantes en este nivel. ¿Por qué? Porque la organización incorpora mejores prácticas como, por ejemplo, que durante las videollamadas todos los participantes tengan abierto un documento colaborativo y alguien tome notas de los acuerdos. De esa forma, todos pueden ver en tiempo real cómo se crea la minuta de la reunión, y todos saben que pueden aportar: la responsabilidad de crear el documento es compartida.

En este nivel se vuelve común que los participantes compartan sus pantallas durante las videollamadas y por tanto que se invierta en mejor equipo; por ejemplo, en auriculares de alta calidad.

Esta etapa se caracteriza por trabajo asíncrono: no se espera que la comunicación suceda en tiempo real. Esto permite crear más espacio para el pensamiento crítico y beneficia el desempeño de los introvertidos y los hablantes de otros idiomas.

Cada uno es responsable de sus horarios y los colaboradores son evaluados por el trabajo que producen, no por *cómo* lo producen.

4. Nirvana

En esta etapa cada persona de la organización está empoderada y puede diseñar su jornada laboral para optimizar su salud, su desempeño laboral y su equilibrio vida-trabajo.

Digamos, por ejemplo, que es posible trabajar 2 horas y luego ejercitarse 20 minutos. O bien, levantarse a las 5:00 am a trabajar, luego pasar tiempo con los hijos y volver a trabajar cuando estos se han ido a dormir.

Quizá a estas alturas sueñas con alcanzar el nirvana laboral, o quizá ya te diste cuenta de que se trata de un estado idealizado y, por tanto, hasta cierto punto irreal. La realidad es que esta nueva era de trabajo remoto también tendrá impactos negativos: quienes tengan menos competencias digitales (adultos mayores y personas que tuvieron menos acceso a la educación) tendrán, por ende, menos recursos para adaptarse a la era virtual y nuevamente serán marginados.

Creo, de manera adicional, que es necesario poner sobre la mesa el tema del derecho a la desconexión. Si la barrera entre el trabajo y el hogar ha desaparecido, hay que replantear las reglas en torno a prácticas como la de recibir mails fuera del horario de trabajo, algo que ya se ha implementado en algunas partes de Europa.

Vigilancia remota

Una de las facetas más oscuras del teletrabajo es el rápido incremento en el uso de tecnologías de monitoreo remoto. En el primer trimestre de 2020, millones de empresas de todos tamaños implementaron programas para monitorear las computadoras de sus empleados. Estas herramientas pueden medir el tiempo activo e inactivo de los colaboradores en aplicaciones y sitios web clave, monitorear el uso del teclado, aplicar políticas de seguridad de datos e incluso capturar imágenes para comprobar si los trabajadores están sentados, en sus casas, frente a sus computadoras.

A fines de marzo y principios de abril de 2020, la firma de investigación Gartner realizó una encuesta acerca del uso de software de vigilancia; en ella entrevistó a 420 líderes de recursos humanos, 317 líderes del área de finanzas, y 4 mil 500 gerentes y empleados de todo el mundo. La firma halló que casi el 20% de las organizaciones compraron algún tipo de software o tecnología diseñada para rastrear y monitorear a empleados remotos. Gartner proyecta que el 48% de los empleados seguirán trabajando de forma remota incluso después de que termine la pandemia.

También concluye que las herramientas de vigilancia seguirán usándose en el futuro.

Las organizaciones que implementan este tipo de herramientas deben ser transparentes respecto a su uso para evitar dificultades legales y, sobre todo, para generar confianza en la fuerza laboral en torno a las implicaciones de privacidad.

El historiador Yuval Noah Harari ya ha advertido que el COVID-19 puede traer consigo una nueva era de vigilancia. "En cien años, la gente podría mirar hacia atrás e identificar la epidemia de coronavirus como el momento en que inició un nuevo régimen de vigilancia, especialmente la vigilancia *under the skin* ("vigilancia corpórea"), que, creo, es quizás el desarrollo más importante del siglo XXI, la capacidad *de hackear* seres humanos", según un artículo publicado en el *Financial Times*.

Harari basa su afirmación en la estrategia de China para combatir el coronavirus. El gigante asiático monitorea teléfonos inteligentes, usa cámaras de reconocimiento facial y obliga a los ciudadanos a informar al gobierno acerca de su temperatura corporal y estado de salud. De esa forma, las autoridades chinas pueden identificar a potenciales portadores del virus y rastrear sus movimientos para determinar con quiénes han estado en contacto.

Otros países han seguido estrategias similares. En Israel, por ejemplo, la agencia nacional de seguridad, Shin Bet, está usando tecnología de vigilancia normalmente reservada para combatir el terrorismo con el objetivo de rastrear a los pacientes con coronavirus.

Las tecnologías, e incluso las herramientas de vigilancia remota, no son intrínsecamente buenas o malas. La tecnología puede ser una excelente herramienta para combatir la pandemia, y su beneficio o perjuicio dependerá de cómo se la use. Sin duda, si las herramientas de vigilancia masiva se normalizan y caen en manos de actores poco éticos, se abriría una zona de gran peligro.

Pongamos el ejemplo de la vigilancia facial. Si contamos con suficientes cámaras de vigilancia y un algoritmo poderoso, es factible rastrear todos los movimientos de las personas, sus hábitos y con quiénes se reúnen, creando un panóptico digital.

El panóptico es un modelo de prisión ideado por el filósofo alemán Jeremy Bentham, en 1791. Su nombre proviene del griego *pan* + *optikós*, que significa "verlo todo". Así, el panóptico es en realidad una cárcel circular en la que las celdas se encuentran en el perímetro. En el centro del edificio se construye una torre en cuyo interior están los guardias, que podrán vigilar a los presos de manera permanente y con la enorme ventaja de que estos no sabrán cuándo son vigilados. En otras palabras: las personas dentro de las celdas no pueden ver lo que ocurre en la torre, pero los guardias pueden ver cada centímetro de las celdas. En tanto que el preso se sabe vigilado, se creía, se comportará apropiadamente.

Se construyeron varias cárceles con esa idea: la cárcel Modelo de Madrid, la cárcel de Caseros de Buenos Aires y la penitenciaría de Lima, Perú; sin embargo, el modelo de Bentham no triunfó, ya que bajo estos modelos de vigilancia, el reo, constantemente observado, es orillado a la deshumanización y a los trastornos de conducta.

De un modo similar, la vigilancia facial permite que una autoridad centralizada pueda monitorear todos los movimientos y conexiones en el espacio público.

La tecnología como herramienta neutral tampoco funciona siempre. Un caso famoso es el de Steve Talley, un analista financiero de Colorado que fue confundido con otra persona por un sistema de reconocimiento facial. En 2015 fue arrestado y acusado de haber robado un banco. Talley peleó el caso y con el tiempo fue absuelto de los cargos, pero el proceso lastimó a su familia y provocó que perdiera su empleo.

Dicen que todos tenemos un gemelo en el mundo. ¿Qué pasaría si alguien que se parece a ti comete un crimen? ¿Qué pasaría si un gobierno totalitario decidiera usar esta tecnología para identificar disidentes o personas que participan en marchas en contra de la autoridad?

En este libro discutiré una y otra vez que la tecnología por sí sola es neutral, pues carece de moralidad, de la capacidad para distinguir el *mal* del *bien.* Lo que importa es el uso que le damos. En el caso del reconocimiento facial, el peligro es que casi ningún gobierno en el mundo ha desarrollado los mecanismos de supervisión y responsabilidad necesarios para evitar el mal uso de los datos.

Personalmente, espero que el coronavirus acelere estas regulaciones, o que al menos lleve a que se discutan más abiertamente los peligros de la vigilancia facial.

Coincido con Harari en que el mayor peligro que enfrentamos es la normalización de la vigilancia *under the skin*, o intracorpórea (en contraste con la vigilancia *over the skin*, o corpórea, como las tecnologías de reconocimiento facial).

El historiador sugiere un experimento mental: imaginemos que un gobierno hipotético exige que cada ciudadano use un brazalete biométrico que monitorea la temperatura corporal y la frecuencia cardiaca las 24 horas del día.

El análisis de esa información puede identificar que estás enfermo incluso antes de que te des cuenta, y también sabrá dónde has estado y con quién te has reunido. Un sistema así podría detener cualquier epidemia en cuestión de días. Puede identificar en qué momentos del día tienes tos o te ríes a carcajadas. Desde luego, también puede monitorear tu presión arterial y frecuencia cardiaca al momento de leer una noticia o platicar con un amigo.

El escenario planteado por Harari me recuerda a la escena inicial de uno de los mejores episodios de la serie *Black Mirror*. "El monitoreo biométrico haría que las tácticas de piratería de datos de Cambridge Analytica parezcan algo de la edad de piedra", asegura Harari. Una vez que una organización o gobierno tiene suficiente información biométrica, es capaz de conocernos mucho mejor que nosotros mismos. No solo puede predecir nuestros sentimientos sino también manipularlos y vendernos cualquier cosa, ya sea un producto de consumo o un candidato político.

¿Qué hacer al respecto? Muchos gobiernos tienen prohibido por ley almacenar y usar información biométrica de sus ciudadanos. Sin embargo, el COVID-19 (o el temor a un segundo brote del virus) puede ser el pretexto perfecto para mantener o implementar sistemas de vigilancia biométrica.

La humanidad está en un punto de inflexión. Creo, sin embargo, que no tenemos que elegir entre privacidad o salud: si creamos las políticas públicas correctas podemos tener ambas.

Automatización

El COVID-19 acelerará la automatización. Antes de explicar por qué, quiero adelantar una noción importante: la automatización no necesariamente implica la destrucción de puestos laborales; en realidad, implica la reinvención del trabajo. Es decir, la tecnología no sustituye al humano, sino que lo complementa y aumenta su capacidad. Antes de la crisis global del coronavirus, el Foro Económico Mundial estimaba que la automatización crearía 6.1 millones de empleos a nivel mundial entre 2020 y 2022.

Nos falta por ver cuál será el impacto de la pandemia en los empleos a largo plazo, pero podemos suponer que habrá más automatización en aquellos procesos donde la tecnología ayuda a que los trabajadores y los consumidores estén más seguros.

Por ejemplo, los robots que limpian continuamente los hospitales hacen menos peligrosa la labor de los trabajadores de salud. Los pagos digitales evitan el intercambio de dinero físico y tarjetas, deteniendo así la transmisión de patógenos en los comercios.

Estoy al tanto de que afirmar que la automatización aumentará en una situación económica tan compleja como la actual suena contradictorio, dado que la automatización es costosa, al menos a corto plazo. A largo plazo, sin embargo, la automatización aumenta la productividad.

La historia nos ha demostrado que la infiltración de los robots en la fuerza laboral no ocurre a un ritmo constante y gradual. La automatización ocurre en ráfagas, particularmente en épocas difíciles (como durante shocks económicos), cuando la mano de obra humana se vuelve relativamente más cara a medida que los ingresos de las empresas disminuyen. En estos momentos, los empleadores despiden a los trabajadores menos calificados y los reemplazan con tecnología y trabajadores más calificados, lo que aumenta la productividad laboral en tanto que se supera la recesión.

Varios economistas han esbozado esta naturaleza cíclica de la automatización. Nir Jaimovich, de la Universidad de Zúrich, y Henry E. Siu, de la Universidad de British Columbia, informaron que, durante tres recesiones en los últimos treinta años, el 88% de los empleos que se perdieron fueron los de trabajadores dedicados a tareas automáticas "rutinarias".

Brad J. Hershbein del W.E. Upjohn Institute y Lisa B. Kahn, de la Universidad de Rochester, analizaron casi 100 millones de ofertas de trabajo antes y después de la Gran Recesión y descubrieron que las empresas reemplazaron a los trabajadores que realizaban tareas "rutinarias" automatizables con tecnologías innovadoras y trabajadores más calificados.

Es probable que el aumento de la automatización incida en las actividades de rutina (trabajos en áreas como la producción, servicio de alimentos y el transporte), así como en aquellas tareas que harán más eficiente el combate al coronavirus.

Cuando el COVID-19 golpeó Macao, una de las ciudades más densamente pobladas de China, el gobierno local instituyó medidas agresivas para prevenir un brote generalizado, como controles médicos en la frontera y la implementación de restricciones de viaje, la exigencia de historiales de viaje detallados y los escaneos de temperatura.

A pesar de todo surgió un problema de intercambio de información. Las agencias gubernamentales, las organizaciones de atención médica, los hospitales y los comercios minoristas actualizaban constantemente sus sitios web con nueva información, pero estas actualizaciones solo se vinculaban a sus propias áreas de preocupación.

Los ciudadanos que buscaban información oportuna tenían que acceder a múltiples sitios web y redes sociales que no estaban del todo sistematizados, de manera que recurrían a la información de boca en boca para encontrar lo que necesitaban. Muchas personas realizaron búsquedas para comprobar la disponibilidad de las tapabocas quirúrgicos y productos desinfectantes solo para descubrir que estaban agotados.

La empresa NetCraft Information Technology tuvo la idea de construir un sitio web de servicio comunitario gratuito que utilizaría automatización robótica de procesos (RPA) para agregar y actualizar de manera continua la información más reciente a partir de cinco fuentes de datos. Esto permitiría a los ciudadanos encontrar información reciente y actualizada en un solo sitio web.

En cuestión de cinco días, la empresa lanzó una primera página interactiva que mostraba en tiempo real estadísticas locales relacionadas al COVID-19: lugares donde se habían producido infecciones, tiempos de espera en hospitales y disponibilidad local de tapabocas. La automatización realizada a través de *bots* permitió que los datos se actualizaran cada cinco minutos sin necesidad de que un humano modificara manualmente las cifras.

Economía gig

La economía *gig* está pasando por su mejor –y su peor– momento.

La buena noticia es que las plataformas de la economía *gig* se están usando a un ritmo sin precedentes, tanto para uso personal (por ejemplo, envío de comida a domicilio) como para uso empresarial. De hecho, una encuesta de Gartner reveló que el 32% de las organizaciones están reemplazando a los empleados de tiempo completo con trabajadores contingentes para optimizar el uso de recursos. Como consecuencia, las diferencias entre los empleados locales y los contratistas remotos se están reduciendo, ya que todos trabajan de forma remota.

No podemos pasar por alto que la fuerza laboral *gig* es muy vulnerable: los trabajadores por contrato no suelen tener beneficios de salud ni planes de jubilación. Si se enferman, tienen que dejar de trabajar y, por tanto, de percibir ingresos. Los sistemas de contingencia ante la falta de seguridad social son escasos e insuficientes.

La Organización Internacional del Trabajo prevé que la precariedad laboral tendrá un repunte, especialmente para *freelancers* e integrantes de la economía informal, pues es probable que no tengan acceso al seguro por enfermedad, al seguro de desempleo, o a otras protecciones esenciales.

Espero que esta crisis obligue a los hacedores de política pública a reformar los marcos legales en torno al trabajo a tiempo completo, a tiempo parcial y por contrato.

Viajes

La industria de los viajes y el turismo ha sido impactada profundamente. Incluso después de que termine el encierro muchas personas preferirán no salir de su país de origen por temor a que ocurra otro brote y no puedan regresar a su hogar, o a que sus seguros de gastos médicos no los cubran en otros países. El turismo local, sin embargo, florecerá.

También se transformará la dinámica de los viajes cortos de negocios. Pasé gran parte de mi vida pre-pandemia en aeropuertos: viajar por un par de días para visitar a un cliente o dar una conferencia era parte integral de mi rutina. Ahora sé que esos viajes nunca serán iguales, pues este periodo de aislamiento coincide con tres fuerzas poderosas:

- Las tecnologías para la colaboración y la comunicación en línea han avanzado rápidamente.
- Las conexiones a internet en gran parte del mundo son cada vez más más veloces (aunque aún hay una brecha digital enorme, sobre todo en países en vías de desarrollo).
- Cada vez hay más preocupación en torno al impacto de los viajes aéreos en el medio ambiente.

Creo que la confluencia de estos tres factores ha creado un punto de inflexión que conducirá a un cambio más significativo y a largo plazo.

Impacto psicológico

Hace días una profesora de posgrado de la Universidad de Nueva York me confesó que la pandemia de coronavirus es el momento más estresante de su carrera, más aún que los atentados terroristas del 11 de septiembre o el colapso de Wall Street en 2008.

Su testimonio refleja cómo el coronavirus nos ha obligado, hoy más que nunca, a poner el foco en la salud mental. Aunque no lo admitamos, la mayoría de nosotros está enfrentando algún tipo de problema de salud mental como resultado de la pandemia. Muchas personas sienten altas dosis de ansiedad ante el posible deterioro de su salud física, el aumento de responsabilidades de cuidado de niños o padres, las nuevas realidades de distanciamiento social y el trabajo remoto. Los estresores financieros son altísimos, y la gente tiene miedo a perder sus trabajos.

Esta situación ha evidenciado el hecho de que, incluso antes de la pandemia, los corporativos multinacionales no contaban con los programas, las prestaciones, ni la cultura para abordar las preocupaciones de salud mental de sus colaboradores.

De acuerdo con una investigación publicada en abril de 2020 por MetLife, la empresa de seguros de vida, un 65% de los trabajadores entrevistados declaró que las organizaciones en las que trabajan no ofrecen beneficios ni programas que ayuden a mejorar su bienestar mental.

Cifras de la Society for Human Resource Management (Sociedad para la Gestión de Recursos Humanos) indican que solo el 13% de las empresas ofrece programas para el control del estrés y apenas el

11% tiene programas que enseñan la atención plena o meditación, técnicas que, de acuerdo con numerosas tradiciones y estudios científicos, ayudan a controlar la ansiedad y la depresión.

Pese a que hablar de salud mental en el lugar de trabajo es hoy por hoy un tabú, creo que tras la pandemia se reducirá el estigma. Los problemas de salud mental y el estrés ya se encontraban en aumento entre los empleados desde antes de la pandemia, y ciertamente no desaparecerán después de ella.

El miedo al contagio perdurará en el largo plazo y cambiará nuestra visión sobre la interacción con los lugares públicos y los medios de transporte. Los eventos masivos tardarán años en normalizarse. El temor al contagio causará una caída en los indicadores de confianza, lo que resultará en dificultades para obtener crédito y escasa seguridad laboral.

Pronostico, además, que dejaremos de pretender que el trabajo y la vida personal existen en esferas separadas. Uno de los impactos más profundos de la pandemia en el futuro del trabajo es, sin duda, desmantelar la noción del *equilibrio vida-trabajo*. Es decir, la idea de que ambos existen en extremos opuestos de la experiencia humana y que deben interactuar lo menos posible entre sí.

Durante la cuarentena, el espacio de trabajo y el de descanso se han convertido en uno mismo, y para muchos es muy difícil transitar de un estado a otro. Para quienes tienen hijos pequeños en casa, en particular, mantener la distancia entre ambas esferas ha sido casi imposible.

Ya no podemos fingir que los miembros de nuestra familia son invisibles o irrelevantes para nuestra vida laboral. El coronavirus nos ha llevado a reconocer que no somos solo trabajadores o trabajadoras, sino seres complejos y multifacéticos.

La actual crisis sanitaria ha cambiado el rumbo de la historia de la humanidad y transformado industrias enteras. Como humanos, debemos abrazar el cambio y adaptarnos lo más rápido posible. De esta manera aprovechamos la oportunidad de reinventar la forma en la que trabajamos y creamos valor.

Por eso, me resulta extraño el término "nueva normalidad". Lo nuevo es efímero y la normalidad es transitoria, porque todo cambia constantemente a un ritmo cada vez más rápido.

En medio de tantos retos, tengo algunas buenas noticias que ofrecer: los seres humanos somos más resilientes de lo que imaginamos. Hemos superado pandemias en el pasado y lo haremos otra vez. No obstante, el mundo después del COVID-19 será diferente al que sucedió a la gripe española o la peste negra, pues no solo sufriremos los estragos de un virus, sino que también experimentaremos las transformaciones al mundo que sucedan de los veloces avances tecnológicos, los cambios demográficos y la emergencia climática.

Quizá mientras lees estas palabras sigues preguntándote cuándo volveremos a la vida normal. En lo personal, espero que nunca. La vida normal incluía sistemas económicos, laborales, educativos y de salud que no funcionan para gran parte de la humanidad. Ahora nos toca construir un nuevo mundo. Cambia todo, éste es el mejor momento para reinventarte y transformar la reinvención en un hábito. Bienvenido al nuevo mundo del trabajo.

El pasado se hace presente: dos experiencias que inspiraron este libro

Fuckup Nights, el fracaso original

Una noche del remoto año de 2012, cuatro colegas emprendedores y yo nos reunimos a brindar en una mezcalería de la Ciudad de México. Nos unía la curiosidad emprendedora, la edad –teníamos entre veinte y treinta años– y la amistad. Pronto descubriríamos que a todos nos unía un factor de mayor peso.

Esa noche, al calor de los tragos de mezcal, nuestra conversación se fue tornando personal, confesional incluso. Secretos profundos y dolorosos salieron a la superficie entre vasitos mezcaleros y rodajas de naranja con sal de gusano: los de nuestros fracasos.

Julio contó la historia de su fracaso en bienes raíces. Luis relató su proyecto arquitectónico fallido. Charlie contó cómo no llegó a ser futbolista profesional. Pepe narró la historia de su empresa de turismo. Yo conté el fracaso de una pequeña empresa social que buscaba ayudar a las artesanas de la Sierra Negra de Puebla.

Nunca habíamos compartido nuestras historias de fracaso de esta manera.

Al final del intercambio de fracasos, descubrimos que habíamos aprendido mucho, nos habíamos reído de nosotros mismos y hasta nos habíamos quitado un peso de encima. El ejercicio resultó terapéutico y entendimos que estábamos ante una experiencia poderosa, reveladora. ¿Sería posible llevar lo vivido a más personas? ¿Sería posible convertirnos en predicadores del fracaso?

Decidimos que sí, y fue de esta forma que comenzó Fuckup Nights, un evento para compartir los fracasos personales. Las primeras sesiones las organizamos ante públicos reducidos; eran, prácticamente, eventos íntimos organizados en terrazas y cualquier sitio que nos prestaran. En ellas, tres o cuatro personas subían a un escenario y tomaban el micrófono para contar una historia de fracaso en siete minutos. A pesar de que eran sesiones pequeñas, o quizás por eso mismo, por su inmediatez y carácter de anécdota contada entre amigos, las experiencias resultaron catárticas y liberadoras para los presentadores.

Se corrió la voz, y no tardamos en ser contactados por personas de todo el mundo que querían ayuda para organizar sus propias Fuckup Nights. Así, nuestro movimiento se expandió a ciudades como Nueva York, Cracovia y Shanghái, a países tan disímiles como Argentina, Nigeria y Suiza. En estos sitios tan lejanos entre sí, una energía unía a las comunidades: las ganas de contar sus descalabros. Esas historias que llevaban años oprimiendo el pecho estallaban en el escenario y hacían reír y llorar a la gente. Así, aprendimos que el fracaso trascendía culturas, lenguas y fronteras.

Mis cofundadores y yo no tardamos en darnos cuenta de que, además de generar un movimiento de creadores y emprendedores dispuestos a ser más transparentes, honestos y vulnerables, también estábamos ante una oportunidad de negocio.

Logramos capitalizar las Fuckup Nights de tres maneras. La primera consistió en convertirlas en una franquicia global: hemos construido una comunidad de personas de todo del mundo que organizan Fuckup Nights en su ciudad. A la fecha, nuestros eventos han sucedido en 90 países y 321 ciudades.

La segunda consistió en ofrecer sesiones para empresas que quieren mejorar su cultura del fracaso, incluyendo el apoyo necesario para organizar Fuckup Nights internas.

La tercera forma de obtener valor vino con la creación de The Failure Institute o el Instituto del Fracaso, que nació como el brazo de investigación dedicado a estudiar las causas del fracaso y sus efectos, sobre todo en pequeñas empresas. The Failure Institute ha realizado investigaciones para el Banco Interamericano de Desarrollo, la Corporación Andina de Fomento, el gobierno nacional de la República Dominicana, así como para varios gobiernos estatales de México. Entre sus hitos destaca la creación de una métrica del fracaso, el Global Failure Index, así como una plataforma de datos de empresas fracasadas.

Hoy Fuckup Nights es una empresa de alcance global que cuenta con un equipo de un par de decenas de personas. El proyecto ha sido exitoso tanto por sus resultados como por lo que significó para mí y los cofundadores: la oportunidad de transformar nuestra pasión en un negocio.

En los años que han pasado desde que fundamos Fuckup Nights, los cambios en el mundo han sido radicales. Aún recuerdo que, en 2012, varios nos advertían que no habláramos de fracaso. Las razones para no hacerlo rayaban en lo supersticioso ("hablar de fracaso es de mala suerte, atraerá más fracaso", llegamos a escuchar). Si en 2012 teníamos que convencer largamente a nuestros amigos de hablar con franqueza de sus derrotas, unos años más tarde ya son ellos quienes nos buscan para pedirnos una plataforma para "presumir" sus fracasos ante el mundo. Algo parecido ha sucedido en el mundo corporativo: cientos de empresas en todo el mundo hablan ahora con más claridad y honestidad del fracaso.

En mis años en Fuckup Nights y el Failure Institute conocí y estudié miles de casos de organizaciones que fracasaron. Al principio vi emerger un patrón claro: la mayor parte de las pequeñas empresas innovadoras –o startups– fracasaban por causas como mala planeación, problemas financieros y falta de capital. Eran causas consabidas y recurrentes. Pronto, sin embargo, nuevas causas de fracaso aparecerían en el horizonte.

Moldeando el futuro del trabajo

En 2017 hice las maletas y me mudé al sur, a Buenos Aires. En mi nuevo hogar a las orillas del Río de la Plata, seguí investigando y escribiendo sobre el fracaso entre emprendedores y empresas consolidadas.

Ese año noté los primeros síntomas de una nueva causa de fracaso. Poco a poco fui conociendo más casos de organizaciones que fracasaban por no adaptarse a los cambios de una nueva era que dependía cada vez más de la tecnología. Al mismo tiempo, el panorama político del mundo me parecía cada vez más complicado. Entonces nadie imaginaba que una pandemia desaceleraría el funcionamiento del mundo mismo, pero ya era evidente que en los próximos años se agravarían el cambio climático, la desigualdad económica y las migraciones masivas de personas que huyen de entornos políticos conflictivos.

Mi interés en el tema me llevó a leer decenas de libros y reportes acerca del futuro del trabajo. Pronto noté algo que me sorprendió: casi todas las investigaciones se basaban en las percepciones de tres perfiles empresariales: CEOs, directores de recursos humanos y científicos de datos que trabajan con inteligencia artificial.

Si bien todos ellos tienen una buena idea de la dirección a la que va el mundo, me preocupó ver que estábamos dejando fuera la opinión del 99.9% de la humanidad.

En esas fechas, en una reunión con los Global Shapers (la comunidad de jóvenes líderes del Foro Económico Mundial) de Buenos Aires surgió la idea de hacer algo al respecto. Nuestra meta: entender las necesidades y preocupaciones de los jóvenes respecto al futuro del trabajo.

En 2018, Canadá tenía la presidencia del G7 y, por ese motivo, los Global Shapers del Ottawa Hub crearon Shape7, un proyecto que buscaba entender la perspectiva de los jóvenes de los países del G7 acerca del futuro del trabajo. ¿El método? Una encuesta global y una serie de eventos locales.

Ese mismo año Argentina asumió la presidencia del G20, por lo cual el equipo de Shape7 buscó a los Shapers de Buenos Aires para proponernos que escaláramos la iniciativa al resto de los países del G20. Fue en esa época que conocí a Alok Medikepura Anil, Global Shaper del Bangalore Hub, en la India, otro gran apasionado por construir un futuro próspero y justo, quien ha sido un magnífico cofundador en esta aventura.

Los Global Shapers de Buenos Aires ya discutíamos bastante el tema y Shape7 fue una gran fuente de inspiración. Por eso decidí aceptar el reto y contribuir a que el proyecto creciera hasta lograr un alcance global. Me parecía, además, que la conversación acerca del futuro del trabajo también debía suceder en aquellos países que no son miembros del G20.

Así nació Shaping the Future of Work, una *cross hub collaboration*, o sea, una colaboración entre hubs de Global Shapers de todo el mundo que se unieron para formar parte del mismo proyecto. Nuestro objetivo principal es comprender las preocupaciones y necesidades de los jóvenes sobre el futuro del trabajo.

En enero de 2020 se presentó el reporte y la guía de conversación de Shaping the Future of Work, sin imaginarnos que un par de meses después el COVID-19 aceleraría la transformación digital y laboral de la que hablábamos en la investigación. Algunos de los hallazgos más relevantes los abordaré a lo largo de este libro.

Las discusiones con mis pares me llevaron a entender que los cambios laborales y tecnológicos son un arma de doble filo: por una parte, la tecnología corre el riesgo de convertirse en un factor de inestabilidad. Puede llevarnos a una realidad distópica –del tipo que proponen series de televisión como *Black Mirror* o la película *Total Recall*– en la que imperen la concentración de la riqueza, la desigualdad social y la violencia. Pero también me ha hecho entender que, si damos por hecho que los avances tecnológicos son inevitables, las sociedades tenemos una mejor oportunidad de hacerles frente.

Si la humanidad no se adapta a los cambios que vienen, las consecuencias sociales pueden ser enormes: corremos el riesgo de que aumenten la polarización social, la desigualdad económica y la crispación política. En un mundo en el que la mayoría de la gente esté inconforme y desempleada, es posible que también veamos crecer la infelicidad y disminuir la calidad de vida.

Entre más ahondaba en el tema del futuro del trabajo, más caía en cuenta de que el fracaso me seguía apasionando, pero que mi preocupación primordial estaba cambiando. Mi interés ya no era entender cómo mejorar la planeación financiera dentro de una pequeña empresa para evitar que fracase, sino pensar en nuevas maneras de adaptarnos a los cambios tecnológicos, culturales y económicos que el mundo está por experimentar.

Cuando asistí al Foro Económico Mundial de Davos me enfoqué en asistir a las sesiones sobre educación, habilidades y futuro del trabajo. La mayoría de los especialistas coinciden en que las nuevas tecnologías no implican una destrucción del trabajo, sino una reformulación de las maneras en que lo llevamos a cabo. Es necesario promover nuevas formas de aprender, nuevas formas de desarrollar habilidades y nuevas formas de potenciar el talento.

Un año después de mi paso por Davos, el coronavirus transformó el mundo y nos obligó a replantear la conversación en torno al futuro del trabajo. Ahora estamos frente a un "nuevo futuro" laboral y las decisiones que tomemos en los próximos meses moldearán el destino de nuestra civilización.

*

Siempre he tenido muy claro que un momento clave para el éxito de Fuckup Nights ocurrió a los ocho meses de la primera sesión, cuando tomé la difícil decisión de renunciar a mi trabajo como editora en una revista de negocios para dedicarme de tiempo completo al nuevo proyecto. Si iba a convertir mi pasión por el fracaso en un proyecto de impacto, debía dedicarle todas mis energías.

Debía encauzar mi pasión.

Con el paso de los años, Fuckup Nights fue parte de un cambio en la cultura del fracaso: las empresas se volvieron más abiertas a los descalabros. Fracasar ha dejado de ser tabú y, poco a poco, se ha convertido en un tema aceptable de conversación. Parte de estos cambios tiene que ver con la creciente popularidad de conceptos como *agile management* y las iteraciones rápidas (*fail fast*), y otra parte, no menor, con grupos como Fuckup Nights que abrieron nuevos espacios para hablar del fracaso.

Mi intención con este libro es contribuir a un cambio cultural igualmente importante: detonar una nueva forma de entender el trabajo. Fuckup Nights fue un proyecto que muchos envidiarían: seguí mi pasión, tuve éxito, y mis ideas llegaron a un público global. Pero decidí dejar las operaciones de la organización para enfocarme en moldear el presente y el futuro laboral de la humanidad (aunque aún soy integrante del consejo de administración de Fuckup Nights).

Este libro es mi manera de pregonar con el ejemplo. De mostrarle al mundo que he vuelto a enfocar mi energía en donde están mis preocupaciones.

Es mi manera de mostrar que yo también abrazo el cambio.

PARTE I
¿Cómo llegamos aquí?

Hace cuatro siglos todo cambió

Muchos especialistas llevan años pronosticando que, en poco tiempo, nuestras formas de trabajar serán muy distintas. Reportes nos advierten de tres As que trastocarán el futuro del trabajo:

1. **a**lgoritmos
2. **a**utomatización
3. inteligencia **a**rtificial

Se habla incluso de una nueva era tecnológica: la Cuarta Revolución Industrial (4RI). Pero, ¿en qué consiste esta nueva revolución tecnológica? Para explicarlo, vale la pena repensar las tres anteriores.

Para arrancar, imagina un mundo sin computadoras, sin relojes digitales, sin automóviles. Un mundo en el que la *fuerza de trabajo* es principalmente músculo y hueso: los cuatro muslos de un caballo, los dos brazos de un humano, el lomo de una mula. Algunas herramientas –picos, palas, flechas, palancas– son comunes, pero el mundo avanza a una velocidad orgánica: el comercio se mueve al ritmo de las caravanas de camellos, los viajeros se desplazan a la velocidad de la yegua que trota en una pradera o de un barco que navega por un río, y la forma más veloz de mandar un mensaje es mediante paloma mensajera.

Durante 40 mil años de historia humana, el mundo avanzó de esta manera. Fue apenas hace cuatro siglos que todo cambió. Primero, los seres humanos adaptaron algunas máquinas que aprovechaban fuentes de energía naturales. Crearon, por ejemplo, molinos que giraban con el caudal de un río o una corriente de viento.

Pero el ser humano quiso más. Así que siguió buscando fuentes que pudieran convertir la energía en trabajo y el trabajo en productividad. Durante el siglo XVIII, varios inventores experimentaron con convertir el carbón en vapor, incluyendo Denis Papin, Thomas Savery y Thomas Newcomen; este último creó la máquina de vapor atmosférica, que fue popular entre los mineros, que la usaron como bomba para extraer agua de las minas. Sin embargo, fue un escocés llamado James Watt quien presentó la iteración de la máquina de vapor que lo cambiaría todo.

Al igual que los aparatos anteriores, la máquina de Watt funcionaba con carbón, el cual se quemaba para generar vapor: gracias a la presión generada por la condensación del vapor, millones de átomos vibraban, se expandían, y le daban vida al motor. Lo verdaderamente innovador de la máquina de Watt, sin embargo, fue que quemaba menos carbón que las versiones anteriores. Por su eficiencia, se convirtió en la primera máquina de vapor económicamente viable.

Al principio, la máquina de Watt se usó en las minas. Pero pronto se descubrió que se podía adaptar a otras tareas económicas como el molido y el hilado. La máquina de Watt comenzó a usarse en talleres que, al ver crecer su producción, se convirtieron muy pronto en fábricas. La producción artesanal se convertía en producción en serie y a gran escala.

Conforme la demanda industrial crecía, la necesidad de mano de obra también aumentó: millones de personas que vivían en el campo y se dedicaban a la agricultura migraron a la ciudad para trabajar en las nuevas fábricas. Con ese desplazamiento humano, se consolidó la Primera Revolución Industrial.

La Segunda Revolución Industrial ocurrió entre 1870 y 1914, justo antes de la Primera Guerra Mundial. Arrancó gracias a la potencia de la electricidad aplicada a la producción masiva, pero pronto se sumaron las revoluciones de las telecomunicaciones y la química. En este periodo, una gran cantidad de empresas se volvieron más productivas gracias a inventos y tecnologías como el teléfono, la bombilla, la corriente eléctrica, el fonógrafo, el ferrocarril, el telégrafo y el motor de combustión interna. Las primeras dos revoluciones industriales sostuvieron un siglo de oro de progreso económico, sobre todo en países de Europa y el norte de América.

La Tercera Revolución Industrial, también llamada Revolución Digital, sigue desarrollándose en el presente. Algunos señalan que el inicio de dicha era se remonta a la década de 1950, cuando se fabricaron los primeros transistores, y otros creen que ocurre después, en los años sesenta o incluso setenta, cuando las computadoras llegan a los hogares. Sin embargo, todos concuerdan que es la era de la computadora personal, el internet, las comunicaciones móviles y el almacenamiento digital de información. La Tercera Revolución Industrial es la era en que nos acoplamos a la comunicación instantánea a través de correos electrónicos, SMS y mensajería instantánea; es la época en que nos acostumbramos a tener computadoras en nuestros empleos, en nuestros hogares y hasta en nuestros bolsillos. Las empresas tecnológicas que aprovecharon esta nueva ola económica de hace un par de décadas se han convertido hoy en algunas de las más grandes y valiosas del mundo.

La Cuarta Revolución Industrial (que llamaré de aquí en adelante 4RI) es la más reciente de las revoluciones industriales. Está sucediendo en estos momentos. Dicha era está marcada por avances tecnológicos emergentes en campos como la robótica, inteligencia artificial, *blockchain*, nanotecnología, computación cuántica, biotecnología, internet de las cosas, impresión 3D y vehículos autónomos. Estos conceptos serán explicados en las siguientes secciones del libro.

La 4RI está construida sobre las tecnologías y la infraestructura de la Tercera Revolución Industrial. Sin embargo, en esta nueva Revolución Industrial la tecnología se integra en las sociedades –e incluso en nuestros cuerpos– de formas radicalmente nuevas. Algunos ejemplos de esto incluyen la edición genética, la inteligencia artificial que predice el comportamiento, y las estructuras operativas descentralizadas que funcionan a partir de las cadenas de bloques o *blockchain*.

Las principales diferencias entre las revoluciones anteriores y la 4RI son:
a) La velocidad del cambio (los avances están ocurriendo a un ritmo sin precedentes).
b) La magnitud del impacto que tiene en la actividad económica.
c) El giro en nuestra forma de entender la actividad productiva: hemos pasado de una economía en que el valor se mide en función de la productividad a una en la que lo más valioso son las *habilidades* de las personas.

Conforme la economía mundial ha evolucionado, también lo han hecho aquellas habilidades que el mercado laboral demanda. Estos cambios parecen irreversibles: se estima que 65% de los niños que hoy estudian primaria trabajarán en empleos que aún no existen, y seguramente requerirán habilidades que aún no se enseñan en la escuela.

Un buen ejemplo para entender mejor hacia dónde evolucionarán las habilidades consiste en observar las competencias que fueron más relevantes en las revoluciones industriales anteriores.

Primera Revolución Industrial: Cambia la relación de los humanos con el trabajo

La Primera Revolución Industrial arrancó entre los siglos XVIII y XIX, y se aceleró con la invención de la máquina de vapor de James Watt. Como mencioné previamente, durante este periodo millones de personas que vivían en zonas rurales migraron a la ciudad para trabajar en la industria.

En 2018, los investigadores Alexandra de Pleijt, Alessandro Nuvolari y Jacob Weisdorf, de la Universidad de Oxford, la Scuola Superiore Sant'Anna di Pisa y el Centre for Economic Policy Research, respectivamente, publicaron un reporte que analiza la composición de las habilidades de la fuerza laboral en Inglaterra, la cuna de la Primera Revolución Industrial, desde 1550 hasta 1850.

Para dicho estudio se analizaron los puestos de trabajo registrados en los archivos parroquiales ingleses durante ese periodo, y clasificaron a cada trabajador según la habilidad asociada a su ocupación. Para inferir el nivel de habilidad para cada puesto usaron el *Dictionary of Occupational Titles*, un libro que solía ser la biblia de los científicos laborales, pues contiene información histórica de 13 mil tipos de empleos.

Así determinaron, por ejemplo, que un empleado de la construcción era un trabajador manual altamente calificado, un sastre era un experto de rango intermedio, mientras que un tejedor era un trabajador manual poco calificado.

En 1550, solo 25% de los trabajadores manuales eran considerados trabajadores "no calificados" (por ejemplo, excavadores de zanjas), mientras que el 75%

tenía niveles "bajos y medios" de calificación (es decir, tejedores y sastres).

A lo largo del tiempo, sin embargo, aumentó el número de trabajadores no calificados. Hacia 1850, 300 años después de que comenzaron los registros, 45% de los trabajadores eran "no calificados" y 55% tenía niveles "bajos y medios" de calificación.

En ese mismo periodo, el porcentaje de empleados clasificados como "trabajadores altamente calificados" (carpinteros, arreglistas, torneros) aumentó de 3.9% a tan solo 4.9%. Estos trabajadores, que representan apenas un pequeño punto porcentual, fueron cruciales para la Revolución Industrial en Inglaterra. Ellos construyeron, mejoraron, adaptaron e hicieron las pequeñas innovaciones (o micro innovaciones) que detonaron buena parte de las invenciones que hoy asociamos con este periodo histórico.

En otras palabras, la industrialización no llevó a que las habilidades laborales se diseminaran entre la creciente población, sino a que se concentraran en una masa crítica de trabajadores calificados.

Si bien estos trabajadores representaron apenas el 4-5% del total de la mano de obra, debido al crecimiento poblacional, los números absolutos de estos trabajadores altamente calificados aumentaron casi cuatro veces entre 1700 y 1850 (de aproximadamente 200 mil a 850 mil).

A medida que la población de Inglaterra crecía, más trabajadores carecían de calificación alguna. Se presume que esto se debe a que los empleos de aquellos trabajadores con niveles bajos y medios de calificación fueron tomados por máquinas, y la demanda de trabajadores con niveles bajos y medios de calificación se desplomó.

Entre 1550 y 1800 los salarios reales no aumentaron, pero tampoco cayeron. En Inglaterra, gracias al poder de las máquinas y de las nuevas tecnologías, se estaba obteniendo más producción con menos capital humano. Al cambiar no solo la forma de producción, sino también la relación de los humanos con el trabajo, la revolución resultó no ser solamente industrial, sino también una revolución de habilidades.

Segunda Revolución Industrial: La tecnología transforma el algoritmo salarial

La Segunda Revolución Industrial se caracterizó por grandes avances científicos y técnicos: se desarrollaron tecnologías más complejas, como el teléfono y la bombilla eléctrica, que requerían trabajadores más calificados para su producción y que permitieron incrementar la productividad, los salarios, así como la variedad y cantidad de bienes de consumo disponibles en tiendas y mercados.

Algunos de esos inventos aparecieron en las décadas de 1850 y 1860, pero las innovaciones de mayor impacto surgieron entre 1870 y 1913, principalmente en Estados Unidos y Alemania.

Durante la Segunda Revolución Industrial, el desarrollo del transporte naval fue notable. Por un lado, los barcos de vela o clípers que salían de Inglaterra podían cruzar el planeta. Por otro lado, la tecnología del vapor que aceleró las fábricas de la Primera Revolución Industrial impulsó los barcos de la segunda.

Un buen estudio de caso sobre cómo las habilidades y competencias impactan en el bienestar social puede hallarse en la industria de la navegación comercial. Por esa razón, los investigadores Aimee Chin, Chinhui Juhn y Peter Thompson decidieron navegar en los datos de dicha industria para aprender más sobre el impacto de los cambios tecnológicos en la estructura salarial. Sus hallazgos fueron sorprendentes.

Como primer paso, los investigadores tomaron las listas de tripulantes de los barcos de vapor y de vela. Vincularon esos datos con los registros oficiales de buques, que contienen detalles técnicos de cada barco, incluyendo su método de propulsión. Así, desarrollaron una base de datos que contiene una lista exhaustiva de trabajadores, sus habilidades y experiencia[1], así como una relación de las tecnologías empleadas.

En aquella época, los buques a vapor sustituían rápidamente a los barcos de vela. La adopción del motor de vapor en la industria naval creó una nueva ocupación altamente calificada a bordo del barco: el ingeniero. Además, tanto los marineros como los carpinteros profesionales empleados en los barcos de vapor vieron crecer sus ingresos en comparación con los de sus contrapartes en la vela; este aumento posiblemente sea una suerte de pago de prima por sus habilidades. Al cambio tecnológico lo acompañó un reemplazo y sustitución de habilidades; por ejemplo, los operarios de la sala de máquinas menos capacitados vieron cómo sus puestos de trabajo pasaban a manos de marineros con poca habilidad para el trabajo de producción. Además, el vapor hacía obsoleta la ocupación del fabricante de velas.

---

[1] Chin, Aimee Y. y Juhn, Chinhui y Thompson, Peter, *Technical Change and the Wage Structure During the Second Industrial Revolution: Evidence from the Merchant Marine*, 1865-1912 (septiembre 2004). IZA Discussion Paper No. 1285. Disponible en SSRN: https://ssrn.com/abstract=586802 p. 5

Tal como sucedió en las otras revoluciones industriales, el salto técnico (el paso de la tecnología de vela al motor de vapor) transformó la demanda de mano de obra calificada de varias maneras.

Primero, el vapor requería menos mano de obra calificada, es decir, pocos ingenieros estaban involucrados en la producción y navegación de los barcos, pero eran muy productivos y generaban mucho valor (cuando menciono la palabra *valor,* me refiero a la cantidad de dinero generado, kilómetros de mar recorridos o pasajeros transportados).

En contraste, las embarcaciones de vela requerían muchos más marineros calificados para generar ese mismo valor. Es decir, la tecnología de vapor incrementó la productividad de la mano de obra calificada.

Algo notable del barco de vapor es que eleva la función del ingeniero: le permite ocupar las funciones de numerosos marineros experimentados. Pero quizá no sea del todo preciso decir que el ingeniero y el marinero son "mano de obra calificada" en un sentido comparable. Los nuevos barcos de vapor no requieren que los marineros con experiencia en barcos de vela "mejoren" o "actualicen" sus habilidades existentes.

La situación en estos sitios de trabajo ha cambiado: ahora se necesitan conocimientos que son totalmente nuevos para la navegación, como saber instalar y mantener motores de vapor. Es decir, los nuevos barcos demandan ingenieros.

A la par de los ingenieros, los barcos de vapor requerían de numerosos trabajadores no calificados que debían mantener la máquina de vapor funcionando continuamente; su labor era llevar carbón a la caldera. Los barcos de vela tenían menos trabajadores no calificados. Incluso los marineros menos experimentados tenían habilidades como el manejo de sogas para asegurar la correcta navegación del barco.

En resumen: el motor de vapor detonó una demanda de ingenieros, ocupación altamente calificada. También propició que los operarios de la sala de máquinas no calificados —aquellos encargados de alimentar con carbón la caldera— reemplazaran a los experimentados marineros con habilidades técnicas moderadas. Los marineros y carpinteros que trabajaban en embarcaciones de vapor incrementaron sus sueldos en comparación con sus homólogos en embarcaciones de vela, y esto parece relacionarse en parte con las nuevas habilidades que se desarrollaron en estos barcos.

El salario promedio en los buques de vapor resultó 40% más alto que en los barcos de vela. En los nuevos barcos de vapor, la proporción de salarios totales destinada a marineros se redujo de 60% a 18%; la proporción salarial total de los ingenieros y operarios de la sala de máquinas, por su parte, aumentó de cero a 52%.

Curiosamente, los salarios pagados tanto a los empleados calificados como a los trabajadores no calificados que laboraban en la sala de máquinas eran más altos que los salarios de los marinos. Estos salarios más altos reflejaban, sin duda, un diferencial de compensación por el desagradable ambiente de trabajo en la sala de máquinas. Esta sección se encontraba en la parte inferior de la nave y estaba diseñada para ser lo más compacta posible, abriendo así más espacio para las mercancías y la tripulación. En consecuencia, se trataba de un lugar de trabajo oscuro, con poca ventilación y calor intenso. Las condiciones de trabajo en la sala de máquinas eran tan malas que, entre 1893 y 1894, más de 100 trabajadores de la marina mercante británica cometieron suicidio tirándose por la borda.

Las condiciones de trabajo de los ingenieros eran un poco mejores. Aun así, era común que sufrieran lesiones al entrar en contacto con maquinaria en funcionamiento. Por lo tanto, podemos concluir que también los altos salarios que recibían los ingenieros reflejaban un diferencial compensatorio. Pero si consideramos que los ingenieros ganaban más del doble que los operativos de la sala de máquinas, también podemos concluir que buena parte su salario refleja una prima por las habilidades adquiridas luego de su extensa capacitación, y para las cuales existían oportunidades de remuneración en tierra.

La desigualdad salarial fue mayor en los barcos de vapor que en los de vela. Y como resultado del cambio técnico, se alteró la curva salarial y se crearon dos tipos de empleos: unos con salarios altos (ingenieros) y otros con salarios bajos (trabajadores de la sala de máquinas). Los trabajos de ingreso medio (marinos) se perdieron.

A diferencia de las empresas terrestres, la industria del transporte marítimo cruzó múltiples fronteras con mayor facilidad, y la tripulación de los barcos provenía de todo el mundo. El impacto del barco de vapor en la estructura salarial de un país dependió de qué tipos de trabajadores suministraba el país en juego. Gran Bretaña, que en esa época produjo una gran cantidad de ingenieros, obtuvo más puestos de trabajo calificados que cualquier otro país. Por ello, podría parecer que el cambio técnico fue más benéfico para Gran Bretaña que para otros países.

Desde la Primera Revolución Industrial, la máquina de vapor tuvo aplicaciones en numerosas industrias. En este sentido, los hallazgos de Chin, Juhn y Thompson reflejan lo ocurrido en otros sectores económicos, donde la introducción de nuevas tecnologías también alteró las estructuras salariales.

Se sabe poco acerca de la evolución de la estructura salarial a fines del siglo XIX y principios del XX porque los datos salariales no están disponibles hasta la segunda mitad del siglo XX. Sin embargo, dicho periodo es un momento crítico para la historia económica. Muchas de las economías modernas del presente comenzaron a industrializarse en aquellos años. La estructura salarial moderna tiene sus raíces en el cambio de siglo.

Tercera Revolución Industrial: Una computadora en tu bolsillo

Las primeras dos revoluciones industriales, detonadas por la introducción de la energía de vapor a inicios del siglo XVIII y la mecanización de la producción a mediados del siglo XIX, se caracterizaron por estallidos tecnológicos que generaron relativamente pocas posiciones laborales para trabajadores altamente calificados.

Eso cambió en la Tercera Revolución Industrial. Durante este proceso, que se caracterizó por el crecimiento exponencial de la capacidad de procesamiento de las computadoras y la aplicación de ese poder a las tareas laborales y a la comunicación, no se descubrieron nuevas fuentes de energía. Pero eso no significa que los cambios no hayan sido radicales: gracias al correo electrónico, por ejemplo, podíamos enviar un mensaje a cualquier parte del mundo de forma más rápida y a un costo menor que nunca. Gracias al almacenamiento digital, ya era posible guardar una biblioteca o los archivos contables de una empresa en un disco duro de 15 centímetros de largo.

Contrario a las dos revoluciones anteriores, la tercera fue distinta en cuanto a su impacto laboral: la mano de obra calificada era insuficiente para satisfacer la demanda.

Como consecuencia de los acelerados cambios tecnológicos y el aumento de la demanda de trabajadores calificados, se disparó la remuneración salarial de las habilidades tecnológicas. Esto, a su vez, incrementó la desigualdad en los ingresos.

Dado que la Tercera Revolución Industrial es parte de nuestra historia reciente, es sencillo caer en la tentación de reconstruirla basándonos en nuestra historia y percepciones personales. Por ejemplo, si conocemos a algún genio tecnológico que se volvió millonario en los años noventa durante la burbuja puntocom, podríamos pensar que las habilidades técnicas fueron las más valoradas durante la Tercera Revolución Industrial. Sin embargo, si tenemos en cuenta el éxito de empresas de la economía creativa, como el Cirque du Soleil, no es exagerado concluir que la creatividad era una habilidad todavía más redituable.

Dos académicos decidieron poner estas percepciones personales a prueba y los resultados fueron reveladores. Los investigadores Yujia Liu y David B. Grusky[2] se dieron a la tarea de analizar las desigualdades de ingresos en los Estados Unidos en función de las habilidades. Como primer paso, se preguntaron qué tipo de habilidades tenían mayor

---

[2] Liu, Yujia y Gursky, David B., "The Payoff to Skill in the Third Industrial Revolution", *American Journal of Sociology 118*, no. 5 (Marzo 2013): 1330-1374.
https://doi.org/10.1086/669498

correlación con el nivel de ingresos: las habilidades duras (como la programación) o las habilidades blandas (como saber trabajar en equipo).

Para hacerlo, revisaron las encuestas de población de 1979 a 2010, así como registros de las búsquedas laborales de varias empresas.

Los investigadores encontraron que, si bien las habilidades analíticas y creativas tienen una demanda cada vez mayor, el pago a las habilidades creativas, a diferencia de las habilidades analíticas, se está deteriorando rápidamente.

De hecho, los salarios de los trabajadores creativos han sido penalizados a lo largo del periodo estudiado. Esto refleja que los trabajadores creativos están dispuestos a renunciar a parte de las ganancias a cambio del "privilegio" de hacer un trabajo creativo que, en general, es más disfrutable que uno no creativo.

Resulta aún más sorprendente saber que esta penalización salarial está creciendo. Y ni el aumento en la demanda del trabajo creativo ni las celebraciones en torno al auge de la economía creativa han podido detenerla.

Desde luego, los investigadores también estudiaron las nuevas competencias que surgieron con el desarrollo de las computadoras, incluyendo las habilidades informáticas, y encontraron que, si bien esa habilidad es propia de trabajos bien pagados, los sueldos de los expertos en informática no han aumentado de forma muy notable.

En otras palabras, para Liu y Grusky la Tercera Revolución Industrial no ha sido una revolución informática, ni una revolución tecnocrática, ni tampoco una revolución creativa. Entonces, ¿qué tipo de revolución es? Es una revolución de las habilidades. El resultado más sorprendente de su modelo es que las remuneraciones económicas se han destinado a quienes poseen habilidades como el pensamiento crítico, la capacidad de resolver problemas y el razonamiento deductivo.

El pago a las "habilidades analíticas" ya era alto en 1979, pero aumentó por un factor de 2.41 en el transcurso de los siguientes 31 años, mucho más que cualquier otra habilidad.

El retorno a la habilidad gerencial (la capacidad de ser líder de equipos) también aumentó rápidamente y, para el año 2010, fue mayor que el de cualquier otra habilidad, salvo la analítica.

Las remuneraciones salariales de ciertas habilidades técnicas que suelen mencionarse en las discusiones de la Tercera Revolución Industrial (por ejemplo, el uso de la computadora) han sido exageradas y simplemente no se comparan con la remuneración destinada a habilidades como el análisis y la gestión. Liu y Grusky consideran que sus colegas académicos, obsesionados con las computadoras debido a la presunción de que el cambio técnico es la fuerza principal detrás de los cambios en las habilidades laborales, están equivocados.

Según Liu y Grusky, las instituciones han jugado un papel crucial en impulsar esta tercera revolución en las habilidades laborales. Por ende, los investigadores argumentan que la demanda de nuevas habilidades laborales suele tener su origen en cambios institucionales, no en cambios técnicos. Un ejemplo de ello se observa en la segunda mitad del siglo XX, cuando las mujeres comienzan a participar en el mercado laboral en grandes números. La participación de un creciente número de mujeres en la fuerza laboral tradicional causa un incremento en la demanda de habilidades laborales relacionadas con el cuidado infantil, la crianza y la enfermería.

Esto sugiere que, en la medida en que más mujeres ingresan a la economía formal, muchas formas del trabajo doméstico que las mujeres solían realizar gratuitamente se convierten en servicios comercializables. En consecuencia, la demanda de habilidades relacionadas con dichas tareas (crianza, limpieza del hogar, cocina) también aumentan.

Del mismo modo, la creciente demanda de habilidades relacionadas con la gestión y el liderazgo refleja el interés de las instituciones por mejorar la calidad de vida en los sitios de trabajo. La creciente necesidad de desarrollar habilidades analíticas, por su parte, refleja la aceleración de la "destrucción creativa" del capitalismo moderno, y la prima que incentiva a innovar, resolver problemas y ofrecer respuestas rápidas a las cambiantes condiciones del mercado.

Estos cambios institucionales no parecen ser simples reacciones a cambios técnicos o tecnológicos. Sin embargo, cuando el mundo se interpreta a través del cristal de los cambios técnicos, con frecuencia nos terminamos contando historias sobre cómo aumentó la proporción de beneficios para los trabajadores con habilidades técnicas e ignoramos que hubo cambios institucionales y culturales más amplios que tuvieron un impacto en la demanda de habilidades laborales analíticas y sociales.

Aunque es común que los cambios institucionales detonen una demanda de habilidades laborales específicas, la correlación no es siempre tan directa. A veces resulta más importante considerar que las instituciones también afectan las formas en que el trabajo responde a los cambios en la demanda, en particular si el trabajador puede aprovechar el aumento de los precios que se pagan por ciertas habilidades laborales a fin de adquirirlas.

Si el mercado laboral restringe el libre flujo de personas hacia nuevas oportunidades de trabajo, entonces el precio de ciertas habilidades laborales puede mantenerse alto durante periodos prolongados.

El precio de la mano de obra analítica, por citar un ejemplo, sigue siendo inusualmente alto. Esto se debe a que los puestos de trabajo analíticos normalmente exigen una educación de élite. Y, al menos en tiempos de la Tercera Revolución Industrial, dichas credenciales educativas eran otorgadas por unas pocas universidades, a un escaso número de alumnos. Esto cambió en la 4RI, y fue acelerado por la cuarentena global causada por el COVID-19: los programas en línea permitieron mayor acceso a una educación enfocada en el desarrollo de habilidades analíticas. Lo que está por verse es la calidad de la educación en línea y el impacto que tiene en el largo plazo en el desarrollo de habilidades.

Los investigadores también hallaron que los retornos a la escolarización –que durante muchos años, al parecer, aumentaron rápidamente– son ahora mucho más estables. La excepción la marcan los salarios de profesiones que exigen habilidades analíticas que implican síntesis, pensamiento crítico y razonamiento deductivo e inductivo.

La remuneración destinada a habilidades técnicas y creativas, que normalmente se presenta en las discusiones en torno a la Tercera Revolución Industrial, ha sido exagerada, y es mucho menor a la compensación destinada a trabajadores con habilidades analíticas.

Estas tendencias en las habilidades laborales –marcadas por cierto sesgo– responden en mayor medida a cambios institucionales que a cambios técnicos.

Cuarta Revolución Industrial: El cambio se acelera

La 4RI está sucediendo en estos momentos y, en conjunto con la crisis sanitaria y económica provocada por el coronavirus, serán los eventos cúspide de las próximas décadas de la historia económica de la humanidad.

Aunque es demasiado temprano para saber exactamente cómo será el mundo después del COVID-19, ya tenemos algunas pistas. Posiblemente, en unos años, viviremos en un mundo de cámaras y algoritmos que vigilan nuestras actividades, de autos que se conducen solos mientras nosotros tomamos una siesta en el asiento trasero, de correos electrónicos que se redactan en función de nuestros pensamientos, de drones que aterrizan en nuestros balcones con las compras del supermercado.

Todo esto será posible gracias al desarrollo y a los avances en las ya mencionadas tres As: **a**lgoritmos, **a**utomatización e inteligencia **a**rtificial.

Las grandes empresas del mundo ya lo saben y se anticipan a estos acontecimientos y a las formas en que probablemente trastoquen el mercado laboral. Por ejemplo, en julio de 2019, Amazon anunció que invertirá 700 millones de dólares para capacitar a 100 mil trabajadores en Estados Unidos para el año 2025. Esa capacitación les permitirá obtener empleos de mayor calificación –y mayor remuneración– en el futuro.

Detrás de toda la emoción y esperanza que la 4RI produce, también hay un gran temor: muchos creen que la inteligencia artificial (IA) y las nuevas máquinas desplazarán una gran cantidad de trabajos en los años próximos. La historia nos demuestra que la automatización de procesos incrementa durante crisis económicas como la que se desató por el coronavirus. La infiltración de los robots en la fuerza laboral no ocurre a un ritmo constante y gradual. La automatización ocurre en ráfagas, concentradas especialmente en los shocks económicos, cuando los humanos se vuelven relativamente más caros a medida que los ingresos de las empresas disminuyen. Este tema ha sido objeto de numerosos estudios, encuestas, artículos de opinión y documentos de política.

Una investigación de la Universidad de British Columbia encontró que, durante las tres recesiones en los últimos 30 años, 88% de la pérdida de los empleos tuvo lugar en ocupaciones rutinarias que fueron automatizadas con tecnología. Otro estudio de la Universidad de Rochester analizó 100 millones de ofertas de trabajo antes y después de la Gran Recesión, y encontró que las empresas reemplazaron a los trabajadores que realizaban tareas automatizables con una combinación de tecnología y trabajadores más calificados. La historia es cíclica, y es muy probable que eso mismo sucederá durante la crisis económica actual.

A inicios de 2020 se publicó el reporte *Shaping the Future of Work*, una investigación global que dirigí, cuyo propósito fue entender las necesidades y preocupaciones de los jóvenes acerca del futuro laboral. En la investigación encontramos que 42% de la juventud global cree que en el futuro habrá menos trabajos que requieran humanos debido a los avances tecnológicos y la automatización. Esta percepción se respalda en investigaciones previas:

- En 2013, Carl Benedikt Frey y Michael Osborne, de la Universidad de Oxford, estimaron que el 47% de los empleos en Estados Unidos están en alto riesgo de ser automatizados hacia mediados de la década de 2030.
- De acuerdo con el McKinsey Global Institute, es posible que entre 40 y 160 millones de mujeres en todo el mundo deban transitar a nuevos puestos de trabajo entre 2020 y 2030, a menudo a puestos más calificados. El trabajo administrativo, realizado por secretarias, *project managers* y contadores, es un área particularmente susceptible a la automatización. En las economías avanzadas, aproximadamente 72% de este tipo de empleos son ocupados por mujeres.
- Según Oxford Economics, hacia 2030 casi 20 millones de empleos de manufactura en todo el mundo serán desempeñados por robots.
- Foro Económico Mundial: La automatización desplazará 75 millones de empleos, pero generará 133 millones de nuevos trabajos en todo el mundo hacia 2022.
- Gartner: Se crearán dos millones de empleos netos relacionados con IA hacia 2025.
- El Informe Forrester ("El futuro del trabajo") predice que 29 de cada 100 empleos desaparecerán hacia 2030. Y que solo se crearán 13 empleos nuevos para compensar esos 100 trabajos perdidos.
- Boston Consulting Group: el 67% de los ejecutivos chinos y el 50% de los ejecutivos estadounidenses pronostican que en los próximos cinco años habrá una reducción en el número de empleados debido a la robótica

avanzada (esta encuesta global consultó con más de 1,300 ejecutivos y gerentes de operaciones).

* ZipRecruiter: De acuerdo con esta plataforma global para buscar empleo, una de cada cinco personas que buscan empleo (y una de cada tres de entre 18 y 22 años de edad) teme que algún día perderá su trabajo debido a la IA (encuesta de más de 11 mil personas solicitantes de empleo en Estados Unidos).

* Luego de minar datos de más de 50 millones de anuncios de empleo, ZipRecruiter concluyó que la IA creó tres veces más empleos que los que eliminó en 2018. Las ofertas de trabajo vinculadas a IA que más crecieron entre 2017 y 2018 incluyen aquellas que solicitan un *Senior Data Scientist* (científico de datos con experiencia), que incrementaron 340% en ese año (este puesto ofrece salario promedio de $ 257,000 dólares al año, de acuerdo con Burtch Works). Otras como *Mobile Application Developer* (desarrollador de aplicaciones móviles) y SEO Specialist (especialista en Search Engine Optimization, u optimización de buscadores) crecieron a un ritmo de 186% y 180%, respectivamente. De acuerdo con el informe de ZipRecruiter, gracias a la IA han aumentado "las nuevas oportunidades para hacer carrera laboral".

Aunque es cierto que la tecnología está eliminando los trabajos que los humanos solían hacer, sería impreciso decir que es una fuerza puramente destructiva. Más bien, la tecnología es una fuerza que está revolucionando la oferta y demanda de habilidades humanas.

Es decir, a medida que la automatización y la IA asuman las tareas repetitivas y mundanas que solían ser realizadas por manos humanas, **se crearán nuevos puestos de trabajo y se redefinirán las tareas existentes**. El desafío, sin embargo, consistirá en que la fuerza laboral logre aprovechar y adaptarse a la transición.

En enero de 2019, cuando asistí al Foro Económico Mundial en Davos, Suiza, los dos temas que acapararon la agenda del evento fueron China y la IA. Por un lado, hubo nada menos que once sesiones públicas sobre IA, más que de cualquier otro tema. Por otro lado, el gobierno de China mostró su poderío al llevar a buena parte del gabinete político (incluido el vicepresidente Wang Qishan) y ofrecer fastuosas recepciones. Y por supuesto también estuvo Jack Ma, el carismático fundador del gigante tecnológico Alibaba, quien tuvo numerosos encuentros privados con todos los grupos estratégicos del Foro, entre ellos los Global Shapers, comunidad a la que pertenezco.

Sin embargo, lo más interesante de estos dos temas –China y la IA– es pensar en sus posibles intersecciones.

Durante el Foro Económico Mundial, la multinacional contable PwC dio a conocer su Encuesta Anual Global, en la que participaron cerca de 1,400 CEOs.

Cuando recibí el reporte, busqué de inmediato la sección que describe las percepciones en torno al impacto que la IA tendrá el trabajo. Resulta que, a nivel global, 49% de los CEOs encuestados piensa que la IA eliminará más empleos de los que puede crear; 41% cree que se producirá el efecto contrario.

Los altos ejecutivos de China piensan distinto. El 88% de los CEOs del gigante asiático cree que la IA desplazará más empleos de los que generará. 60% de los CEOs de Asia-Pacífico comparte la opinión. Los CEOs de América Latina mostraron un poco más de optimismo: solo el 51% consideró que la IA generará desempleo tecnológico.

Según el *Future of Jobs Report* del Foro Económico Mundial (Informe sobre el futuro del empleo), para 2020, más de un tercio de las habilidades que se necesitarán en los trabajos del futuro aún no se consideran cruciales en los empleos del presente.

Algunas habilidades técnicas que se valoraron al inicio de la Revolución Digital (3RI), incluyendo la programación, comenzarán a ser irrelevantes a medida que las máquinas se hagan cargo de estas tareas y superen a los humanos en velocidad y eficiencia. Por otro lado, ciertas habilidades asociadas al pensamiento crítico, la creatividad y la comunicación tendrán mayor demanda en todas las industrias.

Este cambio ya ocurre hoy en día, y los trabajadores del presente necesitan reeducarse para los nuevos puestos de trabajo que la 4RI está creando. En la nueva economía digital, la idea de trabajar toda la vida en el mismo puesto, en la misma área de especialización, en la misma empresa, se antoja muy difícil.

En su libro *La Cuarta Revolución Industrial (The Fourth Industrial Revolution)* el profesor Klaus Schwab, fundador y presidente ejecutivo del Foro Económico Mundial (donde, por cierto, se acuñó el término), explica que este periodo marcará un cambio importante en la forma de hacer negocios. Tecnologías como el aprendizaje automático y el análisis de datos a gran escala permiten que ciertos procesos comerciales y de producción sean más eficientes.

En términos muy llanos, el aprendizaje automático es una herramienta de interpretación de datos y estadísticas. Es un proceso técnico en que los algoritmos informáticos identifican patrones en los datos, y en función de esto predicen los resultados más probables. Un ejemplo de ello es cuando tu servicio de correo electrónico determina si un mensaje es *spam* o no dependiendo de las palabras en el correo, los enlaces que aparecen en él, o incluso por patrones en la lista de destinatarios. Millones de empresas usan el aprendizaje automático todos los días para vender el producto correcto al cliente adecuado en el momento preciso. De esto hablaremos en capítulos posteriores.

Para poner las cosas en perspectiva, sin embargo, hay que reconocer que ciertas tecnologías propias de la Segunda y Tercera Revolución Industrial, como el acceso a la electricidad o al internet, aún no se han extendido a todo el planeta. Son más las personas en el mundo que gozan de teléfonos móviles que de servicios de saneamiento.

A todo esto, hay que sumar que la expectativa de vida ha incrementado dramáticamente. Y aunque la crisis sanitaria por el COVID-19 podría restarle seis meses a la expectativa promedio de vida (según una simulación realizada en abril de 2020 por investigadores del Instituto Nacional de Estadística de España[3]), ésta seguirá creciendo en el largo plazo. Lynda Gratton y Andrew Scott, académicos de la London Business School, explican en su libro *The 100 Year Life* que los niños que nacen en países desarrollados tienen una esperanza de vida mayor a 100 años.

---

[3] http://envejecimientoenred.es/COVID-19-y-perdida-de-esperanza-de-vida/

¿Qué implica esto? Desde un punto de vista financiero, que esos niños no podrán planear jubilarse a los 65 años si van a vivir hasta los 100.

*

Para muchos, este panorama –uno en que la tecnología avanza más rápido que nunca y también la esperanza de vida de los seres humanos– puede suponer una amenaza. Y seguramente estos factores tendrán un enorme impacto en las empresas y las decisiones que tomen acerca de sus futuros. Sin embargo, debemos recordar que todas las revoluciones industriales son, en última instancia, impulsadas por elecciones individuales y colectivas.

Las personas que no comiencen a prepararse desde ahora para la 4RI no solo corren el riesgo de quedar rezagados laboralmente, sino que también pierden la oportunidad de influir en el futuro.

Por eso debemos reconocer y gestionar los posibles impactos negativos que puede tener la tecnología en las áreas de empleo, ciberseguridad, privacidad y confianza.

Este esfuerzo requiere que todos –ciudadanos, gobiernos, organizaciones internacionales, organizaciones empresariales, el mundo académico y la sociedad civil– trabajemos juntos para que las poderosas tecnologías de nuestra época construyan un mundo en el que no se dejen de lado los objetivos de bienestar común a futuro.

Ya hay quienes están tomando pasos para hacer frente a esta situación. A través del movimiento SkillsFuture, por ejemplo, el gobierno de Singapur transforma la colaboración entre el sector público y el privado para propiciar el desarrollo de la fuerza laboral.

A fines de 2015, dicho país creó el Comité de la Economía Futura con el propósito de investigar las áreas de crecimiento futuro y la creación de empleos, así como para apoyar los esfuerzos de planificación laboral de las empresas. Así, Singapur busca comprometerse con mantener un mercado laboral flexible, ajustado y sensible a los cambios.

SkillsFuture aprovecha los mapas de transformación de la industria y trabaja en conjunto con agencias de gobierno, representantes sectoriales y empresas de servicios profesionales para crear los marcos de habilidades relevantes para cada industria.

Además, SkillsFuture busca apoyar a empleadores y proveedores de capacitación, así como a individuos en diferentes etapas de la vida. ¿Quiénes serán los responsables de fomentar estos cambios? La mayor parte del peso recaerá en las empresas, los gobiernos y las instituciones con el capital y la visión para poder hacer frente a la 4RI.

Pero hay otro actor poderoso que jugará un papel clave. Y ése eres TÚ, el lector o lectora de este libro. Si no has comenzado a hacerlo, éste es el momento ideal para adquirir nuevas habilidades, para empezar a construir los negocios del mañana o para incorporar nuevas tecnologías a tu organización. Es un momento crucial para prepararte para los inevitables cambios de la transformación digital y para ayudar a moldear la vida humana en los siglos que vienen y el mundo que heredaremos a las próximas generaciones.

PARTE II
¿A dónde vamos?

Agilidad al cambio

Cuando recién me mudé a Buenos Aires, un caso de fracaso empresarial relacionado con la incapacidad de efectuar una transición tecnológica llamó poderosamente mi atención.

Se trataba de una empresa que, durante décadas,e había dedicado al trabajo catastral y contaba con cientos de empleados. En otras palabras, su negocio consistía en delimitar terrenos en las extensas regiones agrícolas de Argentina, una zona donde las fronteras entre tierras son difusas y, con frecuencia, motivo de disputa. A lo largo de varias generaciones, la empresa realizó su trabajo con el mismo equipo de toda la vida: los llamados catastros, que son los profesionales responsables de recorrer los terrenos, medirlos y cotejar las mediciones con los mapas de las oficinas de gobierno. El levantamiento catastral podía ser una labor altamente técnica, que requería instrumentos especializados como teodolitos, tránsitos y estadales, así como costosos vehículos todo terreno. Además, si se trataba de sitios inaccesibles, implicaba largas jornadas a pie. En sus años de experiencia, la empresa había aprendido a hacer su trabajo de forma eficiente e impecable, y gozaba de una buena reputación.

En la década de 2010, sin embargo, un nuevo aparato comenzó a zumbar en los cielos del mundo. Este dispositivo, que pocos años antes era dominio de militares, se había transformado en una tecnología al alcance de cualquiera: el dron. Dicho aparato no tardó en llegar al corazón de la actividad agrícola en Argentina, donde emprendedores jóvenes se dieron cuenta de su potencial como herramienta catastral: la cámara fotográfica del dron, en conjunto con los servicios de la boyante industria de la fotografía satelital, sería capaz de delimitar y medir terrenos con mayor eficiencia.

No se equivocaron: los drones y los satélites resultaron más económicos, rápidos y precisos que los catastros de la vieja escuela, quienes seguían elaborando sus mediciones a pie de pampa. Lo que pasó a continuación fue drástico: en cuestión de meses, una nueva generación de empresas catastrales –aquellas que reconocieron la oportunidad de usar herramientas tecnológicas de vanguardia– se apoderaron de un mercado que llevaba más de un siglo consolidado alrededor de unas cuantas empresas familiares. En cuestión de meses, la empresa catastral que mencioné al inicio de este apartado cerró sus puertas: un siglo de prestigio no fue suficiente para contener su gran error.

¿En qué consistió ese error? En no reaccionar a tiempo ante los cambios inevitables. Y cuando dejó ir esa oportunidad, lo perdió todo.

Impacto en las empresas

El futuro laboral es moldeado por múltiples fuerzas: las tecnologías de la 4RI, el cambio climático, la migración, el envejecimiento de la población y el coronavirus.

Las empresas operan en sistemas complejos, donde múltiples factores moldean industrias enteras. Un ejemplo perfecto es COVID-19: los cambios serán tan profundos, que algunos actores como la consultora Board of Innovation hablan de un nuevo tipo de economía: la *low touch economy* o "economía del mínimo contacto". La denominan así porque la presencia del coronavirus nos ha hecho hiper conscientes de cada superficie táctil que podría transmitir la enfermedad. Ahora las transacciones económicas se desarrollan en un entorno de reuniones de aforo limitado, restricciones de viaje y requisitos estrictos de higiene. Por esta razón se pronostica que en el mundo posterior al COVID-19 haya menos pantallas táctiles y más interfaces de voz y de visión artificial.

En este mundo cada vez más VUCA (sigla que significa volátil, incierto, complejo y ambiguo, hablaré de esto más adelante) los grandes corporativos tendrán que repensar sus cadenas de valor y buscar nuevos proveedores, sobre todo ahora que el COVID-19 ha vulnerado las cadenas de suministro. La pandemia, cuyo origen se estableció en China, un país considerado como "la fábrica del mundo", ha provocado que todas las cadenas de suministro a nivel mundial se hayan visto afectadas, bien por falta de suministro de materias o bien por un retraso importante en las entregas de estas, especialmente en fabricantes y minoristas. Esto ha puesto a prueba la resistencia y adaptabilidad de las cadenas de suministro de miles de empresas. De hecho, se estima que el 94% de las empresas Fortune 1000 han tenido afectaciones en sus cadenas de valor. Esta situación genera oportunidades para integrar a proveedores regionales y locales en las cadenas de suministros.

Por otro lado, las pequeñas empresas que estén atentas a las necesidades de las grandes organizaciones podrán aprovechar las nuevas oportunidades. Por ejemplo, las miles de empresas pequeñas y medianas que han rápidamente reconvertido sus procesos de fabricación para producir ventiladores, cubrebocas o gel antibacterial. En esta revolución, ser pequeño no es una excusa para llegar tarde a la fiesta. Pequeño debe significar ágil, no lento.

Muchas series de ficción contemporáneas imaginan la 4RI como un acontecimiento pesimista. La serie de televisión británica *Black Mirror*, por ejemplo, cuenta historias de un mundo donde el desarrollo tecnológico ha creado nuevas formas de espiar, vigilar, controlar y manipular a las personas, lo que resulta en una sociedad paranoica, triste y autoritaria. Sin embargo, a mí me parece que, al día de hoy, la tecnología ha tenido y tiene un impacto positivo en el mundo y permite el desarrollo de nuevos rubros de negocio. Un ejemplo de ello es la agricultura de precisión. En muchos lugares del mundo, las granjas han comenzado a instalar sensores para rastrear ganado y a volar drones para captar imágenes en tiempo real de la condición de grandes tierras de cultivo. Un gran número de startups desarrollan herramientas de IA para ayudar a los agricultores a anticipar, con más de un año de antelación, las necesidades de sus cultivos y granjas, permitiéndoles así prever condiciones adversas.

Un ejemplo de esto lo ofrece la startup irlandesa Cainthus, que creó un sistema de reconocimiento facial que permite identificar a las vacas por sus rasgos faciales en solo seis segundos. Esta tecnología también ayuda a detectar enfermedades en las vacas de forma oportuna.

Otro ejemplo de tecnología al servicio de las necesidades humanas lo ofrece la medicina de precisión, un enfoque emergente de salud que se usa para el tratamiento y prevención de enfermedades que toma en cuenta la variabilidad genética individual, el medio ambiente y el estilo de vida de cada persona. Es decir, es una forma de personalización médica.

En otras palabras, la tecnología puede mejorar la vida de miles de millones de personas, incluso en los países menos desarrollados.

Ya hay ejemplos de ello. La revolución de las redes sociales, por ejemplo, ha dado voz a millones de personas que antes no la tenían y permite la comunicación instantánea con otra persona en cualquier lugar del planeta.

Actualmente, más del 30% de las personas en el mundo usan las redes sociales para comunicarse y mantenerse al tanto de los acontecimientos mundiales.

Las tecnologías impulsadas por la inteligencia artificial también pueden combatir la principal causa de muerte entre adolescentes a nivel mundial: los accidentes de tránsito. En un futuro los vehículos autónomos serán comunes (y estarán mejor diseñados y programados que en la actualidad), lo que reducirá las emisiones de carbono y obligará a la industria de seguros automotrices a evolucionar.

Aunque suena a ciencia ficción, investigadores destacados en el campo de la neurociencia ya exploran cómo conectar el cerebro humano con computadoras. Imagina lo potente que sería aumentar las habilidades humanas con un robot o un exoesqueleto.

Nunca en la historia habíamos estado tan cerca como ahora de crear una verdadera aldea global. Hoy es posible llevar educación en línea a casi cualquier lugar del mundo y crear puestos de trabajo que pueden hacerse desde cualquier sitio (claro, mientras haya conexión a internet).

La firma de consultoría Deloitte encuestó a 1,600 ejecutivos en 19 países. El 87% de los ejecutivos afirmó que la revolución tecnológica conducirá a una mayor igualdad y estabilidad, y tres cuartas partes auguraron que las empresas tendrán mucha más influencia que los gobiernos y otras entidades.

Sin embargo, solo 14% de los encuestados confía en que su organización está lista para aprovechar los cambios asociados con esta revolución tecnológica, y apenas 25% dice contar con la fuerza de trabajo adecuada y los conjuntos de habilidades necesarios para este futuro. Los dos últimos porcentajes nos sugieren que existen grandes oportunidades para empresas consultoras enfocadas en nuevas tecnologías y reclutamiento.

Además, el estudio de Deloitte mostró que las organizaciones que usan las tecnologías de la 4RI lo hacen para que sus operaciones sean más eficientes y rentables, y no para buscar nuevos modelos de negocio. La historia empresarial ha demostrado que los primeros en usar las nuevas tecnologías para generar nuevos modelos de negocios son las empresas pequeñas, pues son más ágiles y menos burocráticas.

En general, el hecho de que los negocios operen en un entorno VUCA tiene cinco efectos:
1) las expectativas de los clientes aumentan pues tienen acceso a una gran cantidad de información acerca de todo tipo de productos
2) los productos mejoran pues aumenta la competencia
3) la innovación se vuelve más colaborativa para enfrentar la complejidad
4) las formas de organización se tornan más ágiles
5) la planeación a largo plazo se torna compleja, es fundamental identificar potenciales escenarios futuros y generar planes para cada escenario

Ya sean consumidores o empresas, los clientes cada vez más son el centro.

Gracias a la integración de nuevas capacidades digitales, los productos y servicios físicos se pueden mejorar de tal forma que aumenten su valor. Las nuevas tecnologías hacen que los activos sean más duraderos y resistentes, pues los datos y el análisis transforman la manera en que se les proporciona soporte. Este nuevo ecosistema, que combina experiencias para clientes, servicios basados en datos y estudios de rendimiento de activos en función del análisis, requiere nuevas formas de colaboración, en particular debido a la velocidad a la que ocurren la innovación y la disrupción. La aparición de plataformas globales y nuevos modelos de negocios evidencia que el talento, la cultura y los modelos de organización tendrán que ser repensados.

Podemos evaluar el impacto de las tecnologías exponenciales (como la inteligencia artificial) en las organizaciones desde el punto de vista de la oferta y la demanda. Por el lado de la oferta, las nuevas tecnologías crean formas totalmente nuevas de atender las necesidades existentes y reinventan las cadenas de valor. La disrupción también está ocurriendo en las trincheras de competidores ágiles e innovadores que, gracias al acceso a plataformas digitales globales para investigación, desarrollo, mercadotecnia, ventas y distribución, pueden desplazar rápidamente a empresas dominantes en industrias establecidas cuando logran superar sus niveles de calidad, servicio, velocidad o sus precios. Por ejemplo, cuando Netflix desplazó a Blockbuster, o cuando Google Maps desplazó a los mapas de papel.

Grandes cambios también están ocurriendo del lado de la demanda, pues los consumidores ya no son iguales que antes: ahora están constantemente conectados a redes sociales, están más informados, y exigen que las empresas actúen de forma ética, responsable y transparente. De no hacerlo, el consumidor castigará a la empresa rehusando a comprarle o con una denuncia en redes sociales.

Otra tendencia clave es el desarrollo de plataformas que combinan oferta y demanda para socavar las estructuras industriales tradicionales; esto se observa en la economía *on demand* o "bajo demanda". Facilitadas por los teléfonos inteligentes, las plataformas tecnológicas *on demand* permiten conectar personas, activos y datos, y crean formas completamente nuevas de consumir bienes y servicios. Gracias a estas plataformas tecnológicas, miles de nuevos negocios han surgido en rubros como lavandería, compras, estacionamiento y viajes.

¿Qué tan próxima está la nueva época de oro de las máquinas?

Investigadores de las universidades de Oxford y Yale preguntaron a 352 investigadores de IA en qué momento del futuro estiman que las máquinas reemplazarán a los humanos en diversas tareas.

A partir de las respuestas, los investigadores concluyeron que los grandes camiones de carga de 18 ruedas ya no serán conducidos por humanos en el año 2027. Y que en el año 2053 las cirugías más complejas no serán realizadas ya por equipos de médicos.

Las tareas con mayor probabilidad de automatizarse en los próximos 10 años son las tareas mecánicas básicas. Los programas de traducción de idiomas podrían superar el rendimiento de los traductores humanos para 2024, y los robots podrán escribir mejores ensayos que un estudiante de secundaria hacia 2026.

Las tareas más complejas y creativas, como escribir buenos libros y realizar operaciones matemáticas de alta complejidad, tomarán más tiempo. Sin embargo, los investigadores concluyeron que la AI podía automatizar todas las tareas humanas hacia el año 2051 y todos los trabajos humanos hacia el año 2136.

Mientras tanto, muchos de los procesos que ocurren en empresas de todos los tamaños ya se han automatizado, por ejemplo, en el diseño. Ya hay startups dedicadas a fabricar ropa en función del historial de compras de los clientes y sus preferencias en cuanto a diseño. Imagina que mientras navegas por el sitio web de tu marca de ropa favorita un algoritmo aprende qué tipo de ropa te gusta y, dado que la empresa ya conoce tu talla, te hace una impresión 3D de tu prenda favorita, al instante.

El futuro de los negocios: lo bueno, lo malo, pero nunca lo mismo

La siguiente es una lista no exhaustiva de algunos de los negocios que van a cambiar, despuntar o desaparecer, además de los que van a seguir existiendo.

A) Industrias en transformación

Viajes

Incluso después de que termine la cuarentena provocada por el coronavirus muchas personas preferirán no salir de su país de origen por temor a que ocurra otro brote y no puedan regresar a su hogar o que su seguro de gastos médicos no los proteja en otros países. Sin embargo, el turismo local florecerá.

También se transformará la dinámica de los viajes cortos de negocios. Antes de la pandemia solía pasar mucho tiempo en los aeropuertos, era común en mi rutina laboral viajar solo por un par de días para visitar un cliente o dar una conferencia. Ahora se que esos viajes nunca serán iguales, pues este período de aislamiento coincide con tres fuerzas poderosas:

- La tecnología para la colaboración y la comunicación en línea ha avanzado rápidamente.
- Las conexiones a Internet en gran parte del mundo son cada vez más más rápidas (aunque aún hay una brecha digital enorme, sobre todo en países en vías de desarrollo).
- Cada vez hay más preocupaciones sobre el impacto de los viajes aéreos en el medio ambiente.

Creo que la confluencia de estos tres factores crearon un punto de inflexión que conducirá a un cambio más significativo y a más largo plazo en la industria de los viajes y el turismo.

Educación

La industria educativa es una de las que más crecen y se desarrollan a nivel mundial, generando empleos e importantes ingresos. Los centros educativos privados, el aprendizaje electrónico, la creciente demanda de educación en mercados emergentes y el aumento de los cursos para prepararse para tomar exámenes y certificaciones han transformado la educación tradicional. El crecimiento de la clase media y alta en India y China también incide en la velocidad a la que crece y se transforma este sector.

A menudo se dice que la educación es "anticíclica", lo que significa que:

a) la demanda de servicios educativos aumentan en tiempos de recesión económica

b) los programas de capacitación y desarrollo de los empleados son lo primero que las corporaciones reducen en tiempos de recesión.

En el pasado, las recesiones incrementaron la inscripción a programas de educación superior a medida que los trabajadores despedidos intentaban mejorar sus perspectivas laborales futuras. Sin embargo, esta vez eso no es una garantía. Dada la incertidumbre en torno a la duración de esta recesión, y la disponibilidad de programas cortos tipo "bootcamp", las personas pueden no estar dispuestas a inscribirse en programas más largos (y a menudo más costosos).

Los bootcamps y otros programas que ofrecen acuerdos de pago por resultados (es decir, el pago a la institución educativa proviene del sueldo futuro obtenido tras el programa) para ayudar a los estudiantes a financiar su educación enfrentan tanto una oportunidad como un desafío. Dada la pérdida masiva de empleos, la idea de inscribirse en un programa de capacitación laboral sin pagar la matrícula por adelantado podría ser atractiva. Y financiar el programa a través de un acuerdo de pago por resultados significa que los estudiantes no tendrán que pagar nada si no consiguen un trabajo después, una propuesta cada vez más probable.

Al mismo tiempo, estos programas enfrentan un riesgo existencial, ya que el modelo de negocio estipula que los proveedores solo reciben un pago cuando sus graduados obtienen trabajo.

Hablemos ahora de la educación básica. A raíz de COVID-19, las escuelas tradicionales están cambiando rápidamente la forma básica en que operan. Algunas se han convertido en escuelas de correspondencia anticuadas, con la gran mayoría de las interacciones por correo escrito. Otras han intentado recrear el entorno escolar en línea utilizando herramientas digitales como Zoom. Otras están en el medio, dirigiendo a los estudiantes a tutorías en línea y programas de práctica, y publicando videos.

Esto hace evidente que la noción del educador como el poseedor del conocimiento que imparte sabiduría a sus alumnos ya no es adecuado para el propósito de una educación del siglo XXI. Dado que los estudiantes pueden obtener acceso al conocimiento e incluso aprender una habilidad técnica, a través de unos pocos clics en sus teléfonos, tabletas o computadoras, tendremos que redefinir el papel del educador en el aula. Esto puede significar que el papel de los educadores deberá avanzar hacia la facilitación del desarrollo de los jóvenes como miembros contribuyentes de la sociedad.

Después de la pandemia el aprendizaje combinado (presencial y en línea) aumentará dramáticamente y la educación en línea será una prioridad estratégica para las instituciones educativas.

Restaurantes

Debo confesar que estoy escribiendo esta parte del libro con el corazón roto. Decidí que no podría abordar el futuro de los restaurantes sin averiguar cómo están algunos de mis restaurantes favoritos en las tres ciudades donde he vivido (Ciudad de México, Buenos Aires y Nueva York). Desgraciadamente tras investigar un poco me topé con malas noticias: muchos de ellos nunca volverán a operar. Y más allá de que extrañaré sus ricos platillos, me preocupan las personas que trabajaban ahí, me preocupan sus familias y sus proveedores.

La cuarentena originada por el coronavirus y los cambios en los patrones de consumo en la economía "low touch" impactarán profundamente a la industria de los restaurantes. Durante los próximos años muchas personas preferirán experiencias de poco (o cero) contacto para cuidar su salud.

Como resultado, los restaurantes deberán abrazar el cambio y adaptarse a estas tendencias. Muchos ya están dando los primeros pasos y rápidamente empezaron a entregar comida a domicilio o permitieron que los clientes fueran al restaurante a recoger los platillos que posteriormente consumirán en casa.

Cada vez son más los restaurantes (y comercios físicos de todo tipo) que están ofreciendo opciones de pago móvil, donde se intercambia dinero solo el celular, para así eliminar así la necesidad de usar billetes, monedas o tarjetas en las instalaciones.

Las marcas que tengan más éxito en esta transición no solo sobrevivirán a la crisis actual, sino que también prosperarán y ganarán participación de mercado en los próximos años.

Más allá de COVID-19, los mejores restaurantes se enfocarán en aprovechar la tecnología móvil para competir y crecer en un entorno de bajo contacto. Los restaurantes deben repensar la experiencia integral del cliente para transmitir salud, seguridad y confianza. Sin embargo, a largo plazo, los consumidores también querrán experiencias sin fricción y gratificantes. Los restaurantes deberán combinar seguridad con eficiencia, recompensas e incluso gamificación.

Administración de energía

Imagina una casa que obtiene su electricidad de paneles solares y que monitorea su propio consumo de energía. La IA podría encontrar patrones en el consumo de energía dentro del hogar y sugerir estrategias para optimizar su uso. Esto podría beneficiar a los habitantes de la casa y podría ayudar a cumplir los lineamientos de política energética de una ciudad o un país.

Alimentos y comida

La industria alimentaria abarca rubros tan distintos como la agricultura, la ganadería, el procesamiento, la conservación, la preparación y el envasado. Esta industria es diversa no solo en cuanto a los productos que ofrece, sino también en cuanto al tamaño de las empresas que participan en ella: desde las granjas tradicionales operadas por familias hasta empresas intensivas en capital y altamente mecanizadas.

La innovación y la tecnología pueden llevarnos a un consumo de alimentos más consciente. Podríamos llegar a entender mejor qué comemos, qué y cómo deberíamos comer, o cómo ampliar los límites de la industria alimentaria.

En el futuro cercano veremos a la humanidad desafiar los límites de la creación de alimentos y combinar la cocina con varias disciplinas. Uno de los campos más conocidos es la gastronomía molecular, en algún lugar en los límites de la química, la física y la producción de alimentos.

Otra dirección es la combinación de creación de alimentos con ingeniería. Eventualmente, imprimiremos alimentos en casa. Aquellos que quieran recurrir a soluciones tecnológicas en lugar de pasar tiempo cocinando podrán usar impresoras 3D.

Un ejemplo más de cómo la tecnología transforma velozmente a la industria alimentaria es la creación de carne artificial en el laboratorio. Los técnicos extraen las células musculares de una vaca, las alimentan con una mezcla de nutrientes en una placa de Petri y se convierten en tejido muscular. De unas pocas células iniciadoras se pueden obtener decenas de toneladas de carne.

En el futuro millones podrían alimentarse con carne de células musculares cultivadas en un laboratorio, lo que no es cosa menor en un mundo donde la mitad de la humanidad lucha contra el hambre, mientras la otra mitad lucha contra la obesidad.

También en los próximos 10 años, los impactos del cambio climático (temperaturas más altas, clima extremo, sequía, niveles crecientes de dióxido de carbono y aumento del nivel del mar) pondrán en peligro las cadenas de suministro de alimentos. Además, a medida que las condiciones óptimas de crecimiento cambien con el clima, las comunidades que dependen de la pesca o la agricultura para su subsistencia se verán seriamente afectadas. La seguridad alimentaria será uno de los problemas climáticos más graves, principalmente porque la mayor parte del mundo es relativamente pobre y los alimentos podrían ser cada vez más escasos y costosos.

Farmacéutica

La industria farmacéutica experimenta un crecimiento impresionante. A nivel global, las ventas anuales de productos farmacéuticos rondan los mil quinientos millones de dólares y están dominadas por empresas de Norteamérica, Sudamérica, Japón y Europa. Las firmas de esta industria invierten grandes sumas en investigación y desarrollo para crear medicamentos que rompen paradigmas.

Los avances tecnológicos logrados por firmas de biotecnología han acelerado procesos en la industria farmacéutica. Por ejemplo, las grandes compañías farmacéuticas, tradicionalmente responsables de todos los aspectos del desarrollo de medicamentos, continuarán externalizando aspectos de la cadena de suministro farmacéutico a compañías más pequeñas con alternativas simples y asequibles. Por ejemplo, organizaciones de investigación por contrato o empresas centradas en usar inteligencia artificial para el descubrimiento y desarrollo de fármacos.

Asistencia médica

El coronavirus y los avances tecnológicos han transformado la industria médica a una velocidad sin precedentes.

La telemedicina es un claro ejemplo. Millones de médicos implementaron en el primer trimestre de 2020 consultas a través de video para reducir la cantidad de personas en los hospitales. Algunos proveedores de atención médica habían incursionado en estas prácticas antes del COVID-19, pero el interés aumentó a raíz de las políticas de distanciamiento social.

En cuestión de semanas, las barreras regulatorias a la telemedicina se redujeron. Aunque estas medidas se anunciaron como temporales, quienes ahora tienen experiencia de primera mano respecto a la conveniencia y la rentabilidad de la telemedicina no querrán renunciar a ella. Una vez que la crisis retroceda, la atención médica comenzará a brindarse de manera remota por defecto, lo que permitirá a los mejores médicos ampliar sus servicios y otorgarlos a muchos más pacientes.

Las ofertas de telesalud mejorarán y proliferarán, con mejores productos de prueba y diagnóstico en el hogar y la adopción ubicua de dispositivos portátiles que monitorean continuamente los síntomas. Las principales ciudades del mundo implementarán sistemas permanentes de vigilancia de pandemias, y muchas empresas, aeropuertos y estadios deportivos monitorearán la temperatura de las personas.

Atención al cliente

Cuando nacieron los *chatbots* (sistemas de IA capaces de "conversar" y responder preguntas, o bien, "robots que chatean") se les consideraba una plaga artificial en internet. Pronto, sin embargo, se volvieron más inteligentes: actualmente, hay *chatbots* capaces de reconocer emociones humanas como ira, confusión, miedo y alegría. Entonces, si un *chatbot* detecta que un cliente expresa sentimientos negativos, puede transferirlo con un humano que lo ayude a resolver su problema.

Los *chatbots* en sitios web son usados con frecuencia para agilizar la atención a clientes y crear historiales de solicitudes personalizadas por aquellas empresas que en otras circunstancias harían que los clientes esperen por horas al teléfono para ser atendidos. De hecho, si en tu negocio recibes muchas solicitudes y preguntas de clientes, te sugiero habilitar un *chatbot* que los atienda las 24 horas del día, los siete días de la semana. Ya hay empresas que brindan este servicio a negocios de todos tamaños.

Finanzas

Sin importar el giro de la empresa, uno de los primeros departamentos que será reinventado por la 4RI es el de contabilidad y finanzas. Pensemos por un segundo en el impacto de *blockchain*, la tecnología puede ser explicada (a muy grandes rasgos y de forma puramente conceptual) como un libro de registro distribuido que permite almacenar información (que puede ser o no financiera) de forma inmutable y transparente. Naturalmente, esto transforma las posibilidades de la contabilidad tradicional.

Adicionalmente, la sincronización de programas computacionales con bancos y órganos fiscales de gobierno permiten automatizar muchos procesos para que las cifras financieras sean más transparentes y accesibles. De hecho, hoy en día, gran parte de las operaciones que suceden en las bolsas de valores del mundo –en sitios como Wall Street– ya no las realiza un humano, sino que las ejecuta un software.

Dentro de muy poco la automatización será común en la contabilidad, y un gran número de profesionales de finanzas utilizará herramientas de IA para analizar modelos comerciales. Cada vez son más comunes los algoritmos que combinan datos de contabilidad, finanzas, inventario y ventas para predecir y anticiparse a las necesidades operativas.

Por otro lado, la AI también puede ayudar a mantener las finanzas personales en orden. Aplicaciones como Mint o Turbo Tax permiten registrar tus gastos y brindan asesoría financiera.

Marketing y ventas

El área de negocios en la que la IA tiene un impacto más inmediato es el marketing. Seguramente te pasó: tras comparar precios de vuelos en internet de pronto tu *feed* de Facebook se llena de publicidad de aerolíneas y hoteles: éste es un ejemplo de aprendizaje automático. De hecho, la capacidad de usar el historial de compras de un usuario para sugerirle productos o servicios será uno de los pilares del comercio electrónico en el futuro.

Las herramientas tecnológicas para el marketing permiten mostrar contenido personalizado. Por ejemplo, si sueles hacer clic en anuncios que contienen fotos de gatos y algo de texto, un software registrará ese comportamiento y te mostrará anuncios que se ajusten a esta descripción. También es posible rastrear a qué hora del día estás más activo en cada red social, para presentarte estos anuncios en un momento óptimo de compra. El contenido personalizado y en tiempo real incrementa las oportunidades de venta en un 20%.

Posteriormente, cuando sea el momento de la compra, el aprendizaje automático entrará en funciones para reducir el riesgo de fraude crediticio, cosa especialmente benéfica para las pequeñas empresas. En este caso, las máquinas aprenden de los conjuntos de datos históricos que contienen información sobre transacciones fraudulentas pues las máquinas son capaces de identificar patrones propios de una transacción fraudulenta promedio. Este proceso guarda similitudes con la forma en que se detectan y desvían al *spam* los correos electrónicos no deseados.

Sin embargo, expertos en marketing como Samuel Scott aseguran que las capacidades de la IA en este ámbito han sido exageradas. "La IA servirá únicamente para el marketing de respuesta directa y para ofrecer promociones a través de medios como correo electrónico, Google AdWords y dispositivos móviles. Cada estrategia novedosa que promete hacerle llegar *el anuncio correcto a la persona correcta en el momento correcto* –y esto es lo que IA promete hacer– es poco más que una variante novedosa de las molestas campañas de respuesta directa que ya conocemos", asegura Scott. "Las demás formas de marketing, como la publicidad de marca, las relaciones públicas y las ventas en persona necesitan del ingenio y la creatividad de humanos de carne y hueso. La IA nunca los reemplazaría pues la IA no es capaz de construir una marca", agrega el especialista.

Departamentos legales

Una de las labores más importantes de los abogados es revisar y crear documentos legales. Este proceso ya puede ser automatizado.

Actualmente existen algoritmos de aprendizaje automático que se alimentan de millones de documentos, archivos de casos y resúmenes legales. A partir de toda esa información, aprenden a seleccionar las fuentes apropiadas que un abogado necesita para establecer sus argumentos legales, a menudo con más éxito que los humanos. Por ejemplo, JP Morgan usa un software llamado Contract Intelligence, o COIN, que en segundos puede realizar tareas de revisión de documentos que a un abogado le tomarían 360 mil horas.

La revisión de archivos legales solía ser un trabajo que hacían los estudiantes de derecho o abogados recién graduados, miembros esenciales de cualquier departamento legal. Sin embargo, en tanto que estas tareas serán cada vez más dominio de máquinas, los abogados recién graduados deben encontrar formas de trabajar junto con la tecnología y reinventar su trabajo.

Cientos de nuevas empresas usan la IA para agilizar el trabajo de los abogados. Las facultades de derecho también han reconocido la tendencia, y algunas incluyen materias para enseñarle a la próxima generación de abogados a utilizar estas plataformas. Harvard, por ejemplo, ofrece cursos de innovación legal y programación para abogados.

Sin embargo, aún existen obstáculos para una mayor adopción de la IA en la profesión legal. Los algoritmos más avanzados, por ejemplo, funcionan mejor con textos en inglés y no siempre hay suficientes datos para entrenarlos. Por ejemplo, la empresa Legal Robot, que usa IA para analizar contratos con el fin de generar datos, tuvo que aliarse con bufetes de abogados para obtener acceso a sus archivos privados. En total, compilaron más de cinco millones de contratos.

Adam Ziegler, director del Laboratorio de Innovación de la Biblioteca de la Facultad de Derecho de Harvard, lideró un esfuerzo para cerrar esa brecha. Como primer paso, él y su equipo digitalizaron el registro histórico completo de opiniones jurídicas de los tribunales de los Estados Unidos. A inicios de 2017, publicaron el archivo de forma gratuita en internet a fin de que pudieran usarse para entrenar algoritmos legales.

Capital humano / RRHH

La tecnología está revolucionando la forma en que opera el área de Personas y Talento. Por ejemplo, la IA ha agilizado y automatizado procesos en el reclutamiento, la selección y la medición del clima laboral. Éste es solamente el inicio del uso de IA en funciones de Recursos Humanos (RH). Cuatro tendencias están marcando el avance del uso de tecnología para gestión del talento:

1) Productos centrados en el empleado

Hasta hace poco, la mayoría de los proyectos de tecnología del área de RH se enfocaban en generar valor solo al negocio. Actualmente, empresas pioneras como Insight222 usan la ciencia de datos para ayudar a los empleados a tomar mejores decisiones acerca de su carrera profesional, y a los gerentes a medir la colaboración y bienestar de sus equipos.

2) La IA transformará las funciones clave en RH

Harver es una herramienta de reclutamiento impulsada por IA, su meta es ayudar a las empresas a tomar decisiones de contratación basadas en datos, más allá de los CVs tradicionales. La compañía, con oficinas en Ámsterdam y Nueva York, ofrece análisis predictivo para acelerar el proceso de reclutamiento, preseleccionar

candidatos en 42 idiomas y medir su experiencia de usuario durante todo el
proceso.

Así, la IA está creando una división en las funciones clave de RH en tácticas y estratégicas. Algunos aspectos tácticos del reclutamiento, el aprendizaje y la compensación se pueden automatizar con IA. Sin embargo, las tareas estratégicas, como la gestión de relaciones, aún no las pueden realizar los algoritmos. El principal valor de los humanos en el área de RH siempre provendrá de su capacidad de pensar críticamente y tomar buenas decisiones.

3) Mentalidad de datos

Si googleas un poco encontrarás una docena de softwares de analítica aumentada, que permiten revisar automáticamente los datos de RH, limpiarlos, analizarlos y convertirlos en pasos e información procesables. La inversión en este tipo de plataformas se ha disparado en años recientes; sin embargo, aún hay una gran brecha entre estas nuevas soluciones innovadoras y las competencias necesarias para implementarlas.

Las áreas de capital humano deben adoptar una mentalidad analítica, es decir, un estilo de pensamiento que valora y entiende los datos. Para maximizar el potencial del equipo de *People Analytics* o Analítica del Talento es necesario reunir habilidades técnicas y mentalidad de datos.

4) Humanizar la tecnología

A medida que las organizaciones confían cada vez más en datos y algoritmos para guiar su toma de decisiones, RH debe tener en cuenta que cada integrante de la empresa tiene motivaciones y experiencias únicas. Por eso la tendencia global en las áreas de talento es personalizar la experiencia.

Dicho esto, muchos de mis clientes me han preguntado si la IA eventualmente reemplazará a los reclutadores humanos. Involucrar, seleccionar y cerrar solicitantes requiere un toque humano que nunca será reemplazado por un robot. Al contrario, la tecnología abre la oportunidad de que el equipo de RH dedique menos tiempo a tareas burocráticas y pueda enfocar esa energía en innovar y garantizar el bienestar del recurso más valioso de las organizaciones: los humanos.

B) Industrias que despuntarán

Deportes electrónicos o e-sports

Los eventos deportivos, las organizaciones y los fanáticos han tenido que lidiar con la noticia de que sus pasatiempos favoritos se suspendieron o las temporadas se cancelaron por completo debido al COVID-19. Los deportes electrónicos, por otro lado, están prosperando. Incluso hay versiones electrónicas de las carreras de autos de Fórmula 1 en la televisión, y aunque claramente no es lo mismo que las carreras tradicionales, se trata de una alternativa para muchas personas.

A diferencia de los eventos deportivos convencionales, los eventos de deportes electrónicos pueden realizar fácilmente la transición en línea. En los próximos meses habrá más cobertura deportiva híbrida, en la que los eventos físicos se complementan con ofertas digitales.

Cuidado de adultos mayores

La "economía de la longevidad", término que engloba la actividad económica que satisface las necesidades de los mayores de 50 años, superará los 13.5 mil millones de dólares en 2032, según estimaciones de Oxford Economics; esta cifra equivale al PIB anual de China en 2019 (antes del coronavirus, desde luego).

Hoy en día, más personas que nunca en la historia alcanzan la edad de jubilación. Entre 2014 y 2030, el número de personas mayores de 65 años aumentará en 300 millones. En Estados Unidos, diariamente 10 mil *baby boomers* cumplen los 65 años.

En lugar de entender el envejecimiento de la población como una serie de problemas de difícil solución, podemos ver las insuficiencias en la infraestructura de salud y cuidado como oportunidades que se deben cubrir. Durante la próxima década, se proyecta que empleos enfocados en el cuidado, como los de asistente de cuidado personal y asistente de salud en el hogar, crecerán cinco veces más rápido que el resto de los empleos. "A nivel mundial, es posible que entre hoy y 2030 haya entre 50 y 85 millones de empleos médicos –y de otros ramos ligados al envejecimiento– adicionales", según la consultora McKinsey.

Los adultos mayores que viven aislados mueren a tasas significativamente más elevadas que los que preservan sus vínculos con la sociedad. En este sentido, un cuidador bien capacitado y altamente empático puede hacer toda la diferencia para un adulto mayor aislado. Aunque la parte físicamente exigente del trabajo de cuidado podría eventualmente automatizarse (por ejemplo: cocinar, limpiar, levantar y transportar), vale la pena señalar que la conexión emocional que los cuidadores proporcionan no es algo que una enfermera robot pueda emular. Por esta y otras razones, la automatización de los trabajos de cuidado se antoja difícil.

Dado que los trabajos de cuidado continuarán creciendo incluso a medida que la inteligencia artificial y la automatización se hagan cargo de los aspectos repetitivos de muchos otros trabajos calificados, el futuro del envejecimiento brinda una gran oportunidad laboral para compensar las pérdidas de empleos debido a los cambios tecnológicos que ocurrirán en otros sectores.

En el presente, los adultos mayores viven más años que nunca. Conforme envejecen, tienden a pasar más tiempo en sus hogares, aunque con cierta independencia. Por estas razones, dependerán aún más de los cuidadores para que les proporcionen el apoyo especializado que tanto necesitan. En lugar de mudarse a una costosa residencia para adultos mayores, gran parte del cuidado de ancianos se brindará en el hogar. El cuidado estará personalizado para satisfacer las necesidades del individuo, y el costo será la mitad o menos que en un centro especializado.

Además de un auge de trabajadores de cuidado a domicilio, también habrá una explosión en la demanda de toda una serie de productos y servicios para personas mayores. Estos van desde edificios de apartamentos multi-generación y cooperativas de viviendas asequibles, hasta artículos de cuidado personal para mejorar la función cognitiva, productos financieros que optimizan el ahorro y opciones de transporte diseñadas para satisfacer las necesidades de una población de mayor edad, incluidos los autos que se conducen solos (que en el futuro, seguramente, se comunicarán de forma inteligente con las sillas de ruedas).

Comercio en línea

El coronavirus ha acelerado la adopción de las compras en línea. Ahora los consumidores tienen más confianza al comprar comestibles en línea, mientras que las tiendas físicas están presenciando una fuerte disminución en el tráfico peatonal. Durante las últimas dos semanas en marzo de 2020 las tiendas físicas de productos no esenciales sufrieron una caída en sus ventas de 97 por ciento. A la par, las tiendas en línea de Amazon y Walmart enfrentaron problemas para mantenerse al día con la demanda y decidieron dar prioridad a los productos esenciales.

En paralelo, se fortalecieron las marcas nativas digitales (aquellas que desde su nacimiento vendían solo en línea) pues la cantidad de clientes se incrementó rápidamente.

Las aplicaciones de teléfono móvil destinadas a comprar comida han sido más descargadas que nunca. Según un estudio de Apptopia, durante marzo de 2020 las aplicaciones móviles Instacart, Walmart Grocery y Shipt incrementaron el número de descargas en 218%, 160% y 124% en comparación con el mes anterior.

En los próximos años el comercio en línea despuntará y las tiendas físicas tendrán que reinventarse dramáticamente.

Robótica

Los robots no son susceptibles a los virus que nos atacan a los seres humanos. Ya sea que se utilicen para entregar alimentos o para llevar elementos vitales en un hospital o mantener una fábrica en funcionamiento, los robots pueden desempeñar un papel muy importante tanto hoy como en un mundo posterior al COVID-19. Incluso, durante una futura pandemia.

Se habla mucho de los robots y su impacto en la pérdida de empleos; sin embargo, creo que si tomamos las decisiones correctas, la tecnología creará más empleos de los que reemplazará. Las revoluciones industriales pasadas vieron la desaparición de ciertos empleos y la creación de otros. La robótica transformará las industrias existentes y detonará su propia industria con nuevas fuentes de empleo.

Genómica

El código computacional fue el origen de muchas de las industrias multimillonarias del presente, pero las industrias millonarias del mañana surgirán gracias al código genético. La genómica tienen el potencial de revolucionar la forma en que entendemos la atención médica y mejorar la calidad de vida de personas de todo el mundo mediante la combinación de tecnología y genética.

Procedimientos que solían ser increíblemente costosos y exclusivos, como la secuenciación de células cancerosas, serán mucho más asequibles en un futuro. Otro ejemplo de esto son las biopsias líquidas, que sirven para detectar células cancerosas con una precisión increíble. Gracias a estas biopsias, en lugar de detectar el cáncer en la etapa 3 o 4, ahora podemos detectarlo desde la etapa 1; si el tratamiento se populariza, las tasas de mortalidad podrían reducirse a menos del 2%. Aunque el costo actual es de un tratamiento de este tipo es de alrededor de 2 mil dólares, se espera que el precio baje a unos pocos cientos de dólares en los próximos años.

Programación de mercados

El siguiente gran paso para las transacciones con dinero es la programación, gracias en buena medida a tecnologías como el *blockchain*. Aunque el dinero y las transacciones digitalizadas están evolucionando, todavía no realizamos grandes transacciones –como la compra y venta de inmuebles– de manera digital. Eso, sin embargo, podría cambiar pronto.

La tecnología *blockchain*, que sirve como base de una nueva ola de transacciones digitales, podría revolucionar la economía y hacer más transparentes y confiables las transacciones de nuevas industrias; además, también podría eliminar el papel de algunos de los grandes intermediarios tradicionales, como los bancos.

Seguridad cibernética

Cada vez es más común que todos nuestros dispositivos estén conectados a internet y, en consecuencia, los problemas de seguridad en línea han incrementado. La seguridad solía ser ocurrencia final cuando se creaban nuevos sistemas, pero ahora debe considerarse como el principio rector en el diseño de productos digitales.

A medida que surgen nuevos tipos de ciberataques, las empresas y las personas deben ser conscientes de los riesgos que enfrentan y diseñar planes para prevenir y combatir esos ataques. Las corporaciones necesitarán dar prioridad a la protección de sus secretos de propiedad intelectual e información

privada y asegurarse de que sean inaccesibles. Así
como las juntas directivas de las compañías *Fortune
500* casi siempre cuentan con un experto en temas
digitales e internet, las juntas directivas del futuro
cercano requerirán que al menos un miembro tenga
amplia experiencia en ciberseguridad.

Ya hemos visto ejemplos de cómo los
ciberataques dirigidos contra sistemas conectados
causan daños en el mundo real, y esto se convertirá en
un problema mayor a medida que aumente el número
de sistemas físicos con conexión a internet.

Las herramientas actuales para detección de
fraudes y ciberataques usan la IA para ayudar a las
empresas a protegerse contra sofisticados esquemas
fraudulentos. Para ello, aprovechan la automatización,
los motores de aprendizaje automático, el
procesamiento del lenguaje natural y el reconocimiento
de voz y video, por nombrar algunas funciones.

Sin embargo, los desafíos no son solo
tecnológicos. Gran parte de los ataques cibernéticos
buscan robar datos, lo que genera preocupaciones
sobre la privacidad de la información y sobre cómo
proteger la propiedad intelectual de las empresas y otros
tipos de información personal confidencial de los
clientes en un sistema globalmente conectado.

Las empresas de todos tamaños deben invertir
en sistemas de análisis de datos e infraestructura
técnica para estar completamente preparados ante
ciberataques.

Big Data

Así como el hierro fue la materia prima de la era
industrial, los datos son ya la materia prima de la era

digital. Quien controla los datos –ya sea un individuo, un gobierno o una empresa– controla el poder.

Cada minuto, por todo el mundo, se generan cantidades inmensas de datos. Según Strategy Analytics, en 2018 había 22 mil millones de dispositivos conectados a internet en el mundo y ese número seguirá creciendo exponencialmente.

Como se menciona con más detalle en este mismo libro, el análisis de Big Data (es decir, de conjuntos de datos gigantescos) es una herramienta poderosa para generar conocimiento empresarial y trabajar de manera más inteligente y estratégica, tanto interna como externamente. Un análisis correcto es esencial para comprender la gran cantidad de datos y entender cómo encajan las piezas del rompecabezas. Las empresas que aprovechen los datos para conocer mejor a sus clientes y empleados tendrán mucho más éxito que aquellas que no.

C) Industrias en riesgo de desaparecer

Esta lista te ayudará a identificar si estás en una industria en riesgo de desaparecer. Si al leerla descubres que tu empresa pertenece a alguno de estos segmentos económicos, recuerda que no todo está perdido: *éste* es el momento indicado para pivotar o transformar tu negocio.

Estudios de grabación de sonido

Sound City Studios, un estudio de grabación en Los Ángeles, notable por su historia con músicos de gran calibre como Tom Petty, Johnny Cash y Nirvana, cerró sus puertas en 2011.

Desde que se inventó la grabación de sonido en el siglo XIX, la forma en la que producimos música ha evolucionado con la tecnología. En los últimos años, los avances en las tecnologías para mezclar democratizaron la producción y distribución de música. En tanto que grabar una canción de forma profesional se puede hacer ya desde casa con las tecnologías indicadas, los estudios especializados la tienen cada vez más difícil.

Impresión de fotografías

Las cámaras digitales y los teléfonos con cámara redujeron el número de personas que recurren a la industria del fotoacabado e impresión fotográfica. Los teléfonos celulares tienen cámaras digitales y aplicaciones para compartir fotografías, por lo cual casi nadie piensa en imprimirlas.

Maquinitas/fichines

Gracias a consolas como Xbox, Nintendo y a los juegos en línea, la industria de los videojuegos prospera, pero no en las salas de juegos. Más temprano que tarde las salas llenas de "maquinitas", como les decimos en México, o "fichines", como se les nombra en Argentina, desaparecerán.

Incluso los casinos tradicionales están en riesgo. El nuevo ludópata puede satisfacer sus ganas de jugar en las apuestas en línea.

Periódicos impresos

Algunos pensaron que el surgimiento de la radio y los noticiarios de televisión acabarían con la prensa impresa. Cuando la máquina de fax revolucionó las oficinas, otros llegaron a predecir que las noticias se enviarían por fax.

Si bien los periódicos impresos no han desaparecido, sus números han caído precipitadamente desde la década de 1990, cuando internet entró en escena. Las redacciones de todo el mundo han reducido sus equipos dado que los ingresos por suscripciones y venta de publicidad bajaron. Sin embargo, la prensa puede intentar generar ingresos digitalizándose, vendiendo publicidad en línea y generando contenido multimedia para múltiples plataformas.

Reparación de electrodomésticos

El factor que más ha influido en la desaceleración de esta industria son las garantías que las empresas ofrecen para los electrodomésticos nuevos. Además, el precio de los electrodomésticos ha disminuido y, por ello, los consumidores prefieren comprar electrodomésticos nuevos en lugar de repararlos. Las mejoras a las tecnologías de los aparatos también han causado una baja en la demanda de los servicios de reparación.

Suministros de oficina

La fabricación de suministros de oficina es una de las muchas industrias que han sido lastimadas por la creciente digitalización del entorno de trabajo. Según una encuesta reciente realizada por la empresa de gestión de nube RightScale, el 94% de las empresas centradas en la tecnología planean implementar servicios de nube (o ya lo hacen). La capacidad de almacenar una cantidad cada vez mayor de documentos y otros datos de forma virtual significa que las máquinas de fax y las fotocopiadoras se han vuelto menos necesarias.

Tarjetas de felicitación

La fabricación de productos de papelería es una de las muchas industrias afectadas por la proliferación de plataformas de comunicación digital, como el correo electrónico y los sitios web que permiten enviar felicitaciones electrónicamente. American Greetings, uno de los mayores productores de tarjetas de felicitación en el mundo, cerró decenas de tiendas en años recientes.

Venta y alquiler de videojuegos, películas y música en DVD o Blu Ray

A inicios del 2000, el CEO de Netflix Reed Hastings ofreció vender el 49% de su compañía a Blockbuster. En ese entonces, Netflix era un servicio de suscripción para rentar DVDs por internet y Blockbuster tenía más de 9 mil tiendas en el mundo dedicadas a la renta de videojuegos y películas en formatos como DVD y Blu Ray. Blockbuster rechazó la invitación. Cuatro años más tarde, Netflix propuso una alianza que Blockbuster volvió a rechazar para lanzar su propio servicio de renta de películas por internet.

Lo que sucedió después es historia. En 2010, Blockbuster se declaró en quiebra. Netflix, en cambio, tiene a inicios de 2020 una valoración que supera los 150 mil millones de dólares y durante la cuarentena provocada por el coronavirus duplicó el número de nuevos suscriptores que esperaba sumar en el primer trimestre de 2020. El gigante de la transmisión sumó 15.77 millones de nuevos suscriptores en todo el mundo, muy por encima de los 7 millones que proyectaba.

D) Industrias que no desaparecerán nunca

Medios y entretenimiento

Los medios de comunicación y la industria del entretenimiento engloban empresas de todo tipo, desde aquellas dedicadas a la producción y distribución de programas de televisión y comerciales, hasta aquellas que producen videojuegos, libros, publicaciones, música y películas.

Según un informe de PricewaterhouseCoopers, la industria de medios y entretenimiento de Estados Unidos acapara un tercio de los ingresos mundiales en el rubro. Se espera que la industria crezca a un ritmo decente, impulsada por su creatividad, diversidad e innovación.

Servicios profesionales

La industria de los servicios profesionales emplea personas altamente calificadas en psicología, bienestar, ingeniería, tecnología de la información, arquitectura, asuntos legales y consultoría.

Esta industria continuará creciendo, sobre todo en la medida en que los profesionales adquieran habilidades que un robot jamás podrá desarrollar, como la empatía y la sensibilidad cultural.

Industria del pecado

Esta industria incluye, en términos generales, el alcohol, el tabaco y el juego. Estas industrias son gravadas a tasas muy altas por los gobiernos debido a su impacto social negativo y costos indeseables. Los impuestos sobre estos productos y servicios son, a menudo, ineficaces para frenar su consumo ya que su demanda es inelástica, es decir, el precio casi no afecta la demanda.

PARTE III
Habilidades para la transformación laboral

Una historia de la vida real

Erin Winick nunca imaginó que unos meses de prácticas profesionales culminarían en la destrucción de un puesto de trabajo. La joven estudiante apenas terminaba su segundo año de universidad cuando una empresa al sur de California la invitó a efectuar prácticas de verano en sus oficinas. La invitación llegó luego de que los directivos quedaran impresionados con los extensos conocimientos de Winick en la impresión en tercera dimensión (o 3D).

En su primer día de trabajo, el jefe de Winick le explicó que quería usar la impresión 3D para agilizar un complejo proceso de fabricación de moldes. Como primer paso, Erin analizó dicho proceso. Para ello, se sentó a la mesa con el hombre responsable del diseño original, al que ella, en el recuento de su experiencia, prefiere identificar como Gabriel. Durante 30 años, Gabriel había perfeccionado la fabricación de moldes en la empresa. Era el único que conocía los costos, las dimensiones y por qué los productos se fabricaban de esa forma específica.

Cuando Erin y Gabriel se conocieron, el ingeniero quedó fascinado de que alguien se interesara tanto en su trabajo. Pero cuando conoció los detalles de la encomienda de Erin, ambos entendieron que el empleo de Gabriel estaba en riesgo.

A finales de aquel verano, Erin construyó un prototipo viable de impresión de moldes. Organizó una demostración para sus jefes e invitó a Gabriel. Los superiores elogiaron esta nueva creación y hablaron abiertamente del dinero que ahorrarían.

Erin terminó sus prácticas profesionales, pero durante años se preguntó qué había pasado con

Gabriel. A inicios de 2018 lo buscó y corroboró sus sospechas: la empresa implementó el proceso que ella diseñó aquel verano, y Gabriel fue asignado a un área nueva. Sin embargo, nunca se sintió contento con sus nuevas tareas y, luego de 34 años de trabajar en la compañía, decidió renunciar.

Si lo ponemos en perspectiva, el trabajo de verano de una joven ingeniera destruyó un puesto de trabajo. Pero es importante reconocer que creó otros: los de aquellas personas que diseñan y operan las nuevas máquinas.

*

La historia de Erin y Gabriel, sin embargo, no es de robots contra humanos, ni de empleados nuevos contra veteranos. Es una historia que ilustra que **la economía actual se basa en habilidades**.

Un informe publicado por el Instituto para el Futuro (IFTF) y Dell Technologies asegura que 85% de los empleos que existirán en el año 2030 aún no se han inventado, y que 65% de los niños que hoy cursan la primaria trabajarán en empleos que aún no existen.

¿Cómo podemos saber cuáles son las habilidades más importantes para el futuro? Quien entre a internet en busca de ellas encontrará diversas respuestas y opiniones.

Por un lado, la empresa de reclutamiento Scope Recruiting dice que la habilidad más importante para el futuro será la programación. La firma asegura que saber programar ofrece ventajas competitivas en el mercado laboral presente y futuro. El CEO de Apple, Tim Cook, también ha dicho que un lenguaje de programación es "el segundo idioma más importante que puedes aprender".

Un reporte del McKinsey Global Institute de 2018 dice que las habilidades futuras más importantes serán la creatividad, el pensamiento crítico y la toma de decisiones.

"La demanda de habilidades cognitivas superiores, como la creatividad, el pensamiento crítico y la toma de decisiones, y el procesamiento complejo de la información, aumentará hasta el 2030 a tasas acumuladas de dos dígitos", asegura el instituto en su reporte. "La creciente necesidad de pensar creativamente se refleja en muchas actividades, incluyendo el desarrollo de estrategias de marketing de alta calidad. Mientras tanto, el aumento en el procesamiento complejo de la información se relaciona con la necesidad de conocer las tendencias del mercado y el entorno regulatorio que afecta a la operación de una empresa, o la necesidad de comprender y explicar a los clientes los detalles técnicos de los productos y servicios de una empresa".

Del mismo modo, Guthrie-Jensen, empresa de consultoría especializada en formación de talento laboral, apuesta por la resolución de problemas complejos, el pensamiento crítico y la creatividad como habilidades clave.

Cada año, la red social LinkedIn publica un informe de las habilidades más socorridas por las empresas. Para medir estas habilidades, se identifican las habilidades enumeradas en los perfiles de LinkedIn de las personas contratadas con los salarios más altos. Solo las ciudades con 100 mil miembros en LinkedIn o más son incluidas en el estudio.

El estudio 2019 de LinkedIn señala que las habilidades más demandadas en el mercado laboral global son la computación en la nube, la inteligencia artificial y el razonamiento analítico. Y que entre las habilidades blandas más demandadas destacan la creatividad, la persuasión y la colaboración.

¿Serán ciertas estas conclusiones? Pese a que estoy convencida de que todas las investigaciones mencionadas tienen puntos válidos, estoy en desacuerdo con sus conclusiones por dos motivos principales:

1. En un futuro cercano, muchas tareas relacionadas con la programación computacional serán automatizadas y los desarrolladores de código se destacarán por su creatividad y por su capacidad de resolver problemas complejos y sistémicos. Los seres humanos brillaremos justamente por aquello que nos hace humanos, es decir, por esas habilidades que un robot nunca podrá desarrollar.

2. Algo que he aprendido en el proyecto de los Global Shapers del Foro Económico Mundial que lidero desde 2018, Shaping the Future of Work, es que los jóvenes del mundo están más preocupados por el futuro de la educación que por el futuro del trabajo. En una encuesta que preguntó a jóvenes qué tan bien creían que su educación los había preparado para el futuro, los puntajes más mencionados fueron 5, 6 y 7 (la escala era de 0 a 10). Solo uno de cada 10 calificó su preparación educativa con la calificación máxima de 10. Además, el 72% de los encuestados creía que el sistema educativo debía cambiar. El 50% piensa que cada persona es responsable de su propio aprendizaje.

En una economía basada en habilidades, en la que la tecnología avanza más rápido que el sistema educativo, "aprender a aprender" es más importante que el conocimiento en sí mismo.

Cómo sobrevivir a un mundo VUCA

A finales de la década de los 80 los estrategas militares de Estados Unidos crearon una palabra de cuatro letras para describir la situación global de esa época. Esa palabra es VUCA, que proviene de *volatility, uncertainty, complexity* y *ambiguity*:

- V = Volatilidad. La naturaleza y dinámicas del cambio, y la naturaleza y velocidad de las fuerzas y catalizadores de la modificación.
- U = Incertidumbre (uncertainty en inglés). Falta de predictibilidad, perspectivas de sorpresa y sentido de consciencia y comprensión de los eventos.
- C = Complejidad. Multiplicidad de fuerzas, mezcolanza de asuntos, ruptura de causa-efecto y confusión.
- A = Ambigüedad. La distorsión de la realidad, potencial para malentendidos y los significados diferentes de las condiciones.

Ya pasaron 30 años y el mundo está más VUCA que nunca. Por si fuera poco, los sistemas naturales y humanos siguen poniendo a prueba a instituciones que parecían sólidas, pensemos en la emergencia sanitaria provocada por COVID-19, el huracán Katrina o la primavera árabe.

A ese mundo VUCA hay que agregar una capa más de complejidad: solíamos pensar en la vida como una "obra en tres actos": educación, trabajo y jubilación. Ahora que los avances tecnológicos hacen posible que vivamos 100 años o más, esa división se ha puesto en duda.

El concepto de jubilación se ha desvanecido y, para ser competitivos en el mercado laboral, es necesario estudiar toda nuestra vida. Sí, *toda nuestra vida*, sin importar nuestra edad.

Hoy en día, ninguna habilidad es más importante que el aprendizaje permanente. Si conocimiento es poder, aprender a adquirir conocimientos es prácticamente un súper poder.

¿Qué otras habilidades pueden servir para triunfar en la revolución tecnológica? El mundo es un lugar impredecible. Lo mejor es aceptar la idea, desde ahora, de que vivimos en un mundo de volatilidad, incertidumbre, complejidad y ambigüedad; un mundo VUCA donde todo cambia. Abrazar el VUCA implica ver el cambio como algo normal y estar listos para reinventarnos. Por ello, creo que es importante desarrollar lo que llamo *habilidades VUCA*:

1. *Learnability* o "aprender a aprender"
2. Pensamiento crítico y sistémico
3. Perspicacia cultural
4. Competencias digitales
5. Creatividad
6. Alfabetización de datos

Es importante distinguir las *habilidades* de las *competencias*. Si bien ambos términos son similares y muchas veces se usan de forma intercambiable, vale la pena dar un paso atrás y ahondar en la diferencia entre una habilidad y una competencia en el contexto de este libro.

En su sentido más básico, ambos términos se refieren a un conocimiento aplicado que un individuo ha adquirido a través de la capacitación y la experiencia.

Sin embargo, las *habilidades* y las *competencias* juegan funciones muy distintas dentro de un proceso de gestión del talento.

¿En qué se diferencian?

Habilidades: Una habilidad es una actividad específica que se aprende, y la complejidad de ésta puede variar considerablemente. Tanto "barrer el piso" como "llevar a cabo una cirugía de cerebro" pueden clasificarse como habilidades.

Al conocer las habilidades de una persona, podemos evaluar si su capacitación y experiencia la han preparado para cierta actividad o para un puesto de trabajo. Si nos preguntamos "¿qué conocimientos necesita una persona para desempeñarse en este trabajo?", la lista resultante será una de *habilidades.*

Las habilidades responden a la pregunta *¿qué?*, pero no responden a la pregunta *¿cómo?*

¿Cómo realiza un trabajo una persona eficiente? *¿Cómo* se comporta en el entorno laboral para lograr los resultados deseados? Al responder este tipo de preguntas, entramos en el terreno de las competencias.

Las competencias son el resultado de las habilidades y los comportamientos operando en conjunto para llevar a cabo un trabajo. Los comportamientos son prueba de la capacidad de una persona de cumplir los requisitos del trabajo de forma competente.

[Habilidades + Conocimiento = Competencias]

La programación ejemplifica bien esta fórmula. Para elaborar un programa de computadora a partir de código fuente, se necesita tener altas capacidades analíticas, lógicas e interpretativas, así como la habilidad de escribir el programa en un lenguaje específico. Por lo tanto, aprender un lenguaje computacional como Python, Java, C ++, C#, etc., es una habilidad. Pero la capacidad de usar esa habilidad de manera efectiva, analítica, lógica e interpretativa, ¡esa es una competencia!

La programación resulta un ejemplo muy práctico pues, como muchos lo hemos corroborado en nuestra experiencia personal, es relativamente fácil aprender otros lenguajes de programación una vez que ya dominas uno. Sin embargo, si no tienes las competencias necesarias para aplicar tus conocimientos en un lenguaje computacional, es casi imposible desarrollar un programa que funcione bien, independientemente del lenguaje.

Hay **tres** clases de competencias:

Competencias conductuales (o **habilidades para la vida**). Las habilidades para la vida son conductas que sirven para resolver problemas y asuntos personales. Estas habilidades humanas se adquieren a través de la enseñanza o la experiencia directa, y sirven para hacer frente a problemas y preguntas que abundan en el día a día. Las competencias conductuales incluyen la comunicación, capacidad analítica, resolución de problemas, la iniciativa propia, etc.

Competencias funcionales (o **técnicas**). Las competencias funcionales se relacionan con las funciones, los procesos y los roles dentro de una organización e incluyen los conocimientos y habilidades necesarias para llevar a cabo las acciones que permiten llevar a buen puerto un trabajo o tarea específica. Los ejemplos de estas competencias son tan vastos como el mundo laboral: desarrollo de sistemas de aplicaciones, redes y comunicaciones, análisis y diseño de bases de datos, etc.

Competencias profesionales. Las competencias profesionales son aquellas que favorecen el éxito en el contexto de una organización. Se caracterizan por incrementar nuestro rendimiento o, si son de calidad insuficiente, constituyen la razón por la que algunas personas no logran sobresalir en los puestos de trabajo.

Learnability: Aprender a aprender

El ritmo del cambio en el trabajo es tan veloz que la única forma de mantenerse actualizado es aprendiendo de forma continua. En este momento histórico, la capacidad de adquirir nuevos conocimientos es más valiosa que el conocimiento por sí mismo.

El término *learnability* refiere a la capacidad de los individuos y empresas de aprender de forma constante. Para desarrollar una mentalidad propia del *learnability*, es necesario mirar con ojos nuevos las estrategias que usamos para motivar, desarrollar y retener a nuestros equipos. La capacidad de aprender y de desarrollar habilidades, así como el deseo de aprender son claves para el éxito dentro de las organizaciones y entre las personas.

Como ya mencioné, es posible que el 65% de los trabajos que la Generación Z llevará a cabo en el futuro aún no existan, y que 45% de las actividades que hoy son realizadas por humanos en puestos pagados sean en poco tiempo automatizadas gracias a tecnologías que ya existentes.

Esto no necesariamente significa que habrá menos empleos, pero sí que los nuevos trabajos requerirán nuevas habilidades. A esto hay que sumar el hecho de que el 38% de los empleadores relatan ya estar teniendo dificultades para encontrar candidatos con las habilidades adecuadas para ocupar vacantes. Anticipar cuáles serán las habilidades del futuro es fundamental si queremos construir empresas competitivas que saquen jugo de los beneficios de la 4RI.

De hecho, en el Foro Económico Mundial de Davos, uno de los términos que más escuché fue *lifelong learning*, o aprendizaje permanente.

Se dice fácil, pero llevarlo a la práctica no lo es tanto. Sobre todo porque, como ya dije, muchos crecimos en un mundo con tres etapas de vida muy definidas: una dedicada al estudio, otra dedicada al trabajo y la última dedicada a la jubilación.

Pero los nuevos pronósticos de longevidad humana –cien años, incluso más– y la nueva realidad laboral trastocarán este esquema. En el nuevo contexto laboral, la educación será un proceso de toda la vida.

¿Qué significa lo anterior para los líderes de negocios? Significa que quienes están al frente de las empresas deben actualizar constantemente sus conocimientos y fomentar una cultura del aprendizaje continuo en sus equipos.

Un ejemplo de ello es Infosys, firma de consultoría de tecnologías de la información (TI) con sede en India, que se ha convertido en organización pionera en el desarrollo del aprendizaje continuo.

La empresa desarrolló una estrategia de aprendizaje permanente para adaptar su visión empresarial a los cambios del mercado, y así favorecer el crecimiento. Ante las necesidades cambiantes de los clientes y una plantilla de trabajadores propia que crecerá gracias a la automatización, Infosys necesita expandir su base de talentos, y desarrollar una gama más amplia de nichos y habilidades emergentes.

Para lograrlo, la empresa desarrolló programas de aprendizaje en colaboración con la Universidad de Purdue y la Universidad de Cornell, aprovechado los beneficios de los *Massive Open Online Courses* (Cursos en línea, masivos y abiertos, también llamados MOOCs), así como de su centro de aprendizaje propio.

Además, Infosys ha construido herramientas internas que incentivan a los trabajadores a aprender habilidades cruciales y los motivan a desear el aprendizaje de por vida. Los esfuerzos de Infosys se complementan con un mapa que identifica no solo las habilidades fundamentales para las empresas de TI, sino también las condiciones que se deben cumplir para desarrollar ciertas habilidades emergentes y la conexión entre diferentes habilidades, es decir, los "paquetes" de habilidades relevantes.

Infosys ha cambiado notablemente su enfoque de prestación de servicios, particularmente en lo que toca a su estrategia a futuro. La empresa considera que las capacidades más útiles en sus procesos futuros serán aquellas que mezclan habilidades "cognitivas" y "blandas".

Como parte de este cambio, Infosys ya ha capacitado a la mitad de su fuerza laboral —de 200 mil empleados— en temas de pensamiento de diseño (mejor conocido por el término en inglés *design thinking)*. Esta capacidad es considerada por la empresa como la más valiosa para mejorar la resolución de problemas.

Otros grandes corporativos tienen sus propios programas dedicados al aprendizaje continuo. JP Morgan Chase ofrece programas para construir habilidades críticas que incluyen cursos en temas como desarrollo de software e ingeniería de redes. AT&T, por su parte, proporciona cursos para capacitar a su fuerza de trabajo en materias relacionadas con el cambio de enfoque tecnológico actual, que es de hardware a software y redes.

Hewlett Packard ofrece una forma innovadora para que los empleados renueven sus habilidades. A través de servicios como Lynda.com (ahora llamado LinkedIn Learning) y la plataforma EdCast, los trabajadores diseñan rutas de aprendizaje donde se incorporan las tareas actuales, pero también aquellas que desearían desempeñar en el futuro (e incluso sus intereses personales).

Esta oportunidad de desarrollar habilidades y competencias adicionales a través del aprendizaje que uno mismo elige multiplicó por diez el aprendizaje "informal" en comparación con el enfoque anterior, de corte más tradicional.

Quizá en este momento estés pensando algo como: "Ya me convenciste, pero, ¿cómo llevo el *lifelong learning* (aprendizaje permanente) a mi vida cotidiana o a mi empresa si no tenemos tiempo libre y el equipo está volcado a las tareas del día a día?"

A continuación, te comparto seis consejos para incorporar la educación continua a tu vida y a la de tu equipo:

1. Convierte el aprendizaje en una prioridad

Si quieres que tu empresa esté siempre actualizada y avance al mismo ritmo que la tecnología, el aprendizaje debe ser una prioridad. Invita a tu equipo a dedicar cuando menos 30 minutos diarios a adquirir nuevos conocimientos. Los líderes de la organización son, desde luego, quienes deben poner el ejemplo y crear incentivos para fomentar esta educación continua. Como dicen: aunque es bueno predicar con la palabra, es mejor aún predicar con el ejemplo.

2. Identifica tus preferencias de aprendizaje

La próxima ocasión que alguien te hable de "estilos de aprendizaje", tómalo como una mala señal. Los estilos de aprendizaje no existen: lo que sí existe son las preferencias al aprender.

Si no existen, ¿por qué es tan popular hablar de estilos de aprendizaje? Porque las personas estamos ávidas de conocer nuevas cosas sobre nosotras mismas. Tengo que confesar que yo misma he caído en la trampa: hace tiempo publiqué un artículo acerca de los estilos de aprendizaje, y al día siguiente una buena amiga psicóloga me compartió una investigación que señalaba que eran un mito.

No me bastó un reporte, así que busqué otro. Y luego otro. Y otro y otro. Tras revisar una decena de investigaciones concluí que, en efecto, mi amiga estaba en lo correcto y yo, en el error.

Los estudios académicos y científicos sobre estilos de aprendizaje no han ofrecido evidencias sólidas que sustenten que los alumnos tienen mejores resultados cuando las técnicas de instrucción se alinean con sus estilos de aprendizaje. De hecho, hay varios estudios que contradicen esta creencia, señalando que las personas suelen tener un sentido muy claro de sus preferencias de aprendizaje (por ejemplo: visual, kinestésica, intuitiva). Lo que no queda tan claro es la relevancia de dichas preferencias.

Una investigación realizada por Polly Hussman y Valerie Dean O'Loughlin en la Universidad de Indiana analiza esta importante cuestión. La mayoría de las investigaciones previas sobre los estilos de aprendizaje se centraron en evaluar las dinámicas que ocurren dentro del salón de clases y determinar si el estilo de instrucción afectó el desempeño académico de los diferentes tipos de estudiantes. En dado caso, ¿sería correcto pensar que la mayor parte del aprendizaje ocurre en el salón de clases? Algunos podrían argumentar que, en nuestra época de "aulas invertidas" (donde el alumno funge como profesor) y cursos en línea, los estudiantes están obligados a dominar más información por su cuenta. Esto podría explicar por qué el estilo de instrucción pedagógica en el aula no determina necesariamente los resultados del aprendizaje.

Con esta posibilidad en mente, Hussman y O'Loughlin pidieron a los estudiantes inscritos en una clase de anatomía que completaran una evaluación de estilos de aprendizaje en línea y respondieran preguntas sobre sus estrategias de estudio. Más de 400 estudiantes completaron la evaluación de los estilos de aprendizaje VARK (visual, auditivo, lectura/escritura, kinestésico) y ofrecieron detalles sobre las técnicas que utilizaron para estudiar los materiales fuera de clase (por ejemplo, tarjetas didácticas, revisión de apuntes, libros de colorear sobre anatomía). Las investigadoras también dieron seguimiento al trabajo de los alumnos tanto dentro del salón de clases como en los módulos de laboratorio que correspondían al curso.

En función de sus puntajes VARK, quedó relativamente claro que la mayoría de los estudiantes usan diversos estilos de aprendizaje (por ejemplo, visual + kinestésico, o lectura/escritura + visual + auditivo), pero que ningún estilo en particular (o combinación de estilos) produce mejores resultados que otro.
Sin embargo, el estudio no buscó determinar si cierto estilo de aprendizaje era mejor que otro; por el contrario, se centró en dos preguntas principales. La primera: ¿los estudiantes que toman el cuestionario VARK para conocer su estilo de aprendizaje personal adoptan estrategias de estudio propias del estilo identificado? La segunda: ¿aprenden mejor los estudiantes que siguen estrategias de aprendizaje que corresponden con su perfil VARK que aquellos que no?

A pesar de conocer sus propias preferencias de aprendizaje, casi el 70% de los estudiantes no emplearon técnicas de estudio que reforzaran esas preferencias. Es decir: la mayoría de los pupilos con preferencias visuales no basaron sus métodos de estudios en estrategias visuales (por ejemplo, diagramas y gráficos). La mayor parte de los pupilos con preferencia por la lectura/escritura tampoco usó de forma preponderante estrategias de lectura (por ejemplo, revisión de notas o libros de texto).

La tercera parte de los estudiantes sí eligieron estrategias consistentes con su estilo de aprendizaje según la prueba; sin embargo, ni su desempeño en clase ni en el laboratorio fue mejor que el de aquellos que sí.

En otras palabras, la mayoría de los estudiantes no emplean estrategias de estudio que se correspondan con las preferencias de aprendizaje que ellos mismos reportan, y la minoría que sí las emplea no se beneficia académicamente de ello.

De hecho, Hussman y O'Loughlin encontraron una correlación *negativa* entre el uso de muchas de las estrategias de estudio reportadas con mayor frecuencia por los estudiantes (por ejemplo: tarjetas con información, uso de sitios web externos) y la calificación obtenida en el curso.

Si a pesar de esta información aún te interesa identificar tus preferencias de aprendizaje, hay varias maneras de hacerlo. Primero debes diferenciar entre los *estilos* de estudio y los *procesos* de aprendizaje. Haz un esfuerzo por recordar aquellas ocasiones en las que te resultó muy fácil o difícil aprender algo. ¿Eran conocimientos similares? ¿Usaste las mismas técnicas de estudio?

Investigaciones han mostrado que el aprendizaje mejora cuando los instructores ayudan a los estudiantes a sintetizar ciertos contenidos, a reflexionar sobre las maneras en que establecieron vínculos entre la información, e incluso a ver los pasos que se siguen para llegar a ciertas conclusiones. Este proceso de metacognición ayuda a reflexionar sobre nuestro propio pensamiento, y permite identificar formas de mejorar nuestro aprendizaje y evitar los hábitos poco propicios para el estudio.

Es importante reconocer que los métodos pedagógicos más efectivos pueden variar según las disciplinas y contenidos del curso. Por ejemplo, un curso de escritura se beneficia de priorizar los componentes verbales; los cursos de geometría deben hacer lo mismo con los componentes visuales, y los módulos de laboratorio necesitan que el componente práctico tenga gran peso. Hay personas que aprenden mejor escuchando podcasts, otras aprenden leyendo o asistiendo a talleres presenciales. Lo importante es identificar qué forma de aprender te funciona mejor de acuerdo con el tipo de conocimiento.

Por fortuna, la ciencia cognitiva ha identificado una serie de métodos para mejorar la adquisición de conocimiento, y estos tienen beneficios universales. Los métodos pueden incluir espaciar las sesiones de estudio a lo largo del tiempo, convertir el material a distintos formatos, y entablar vínculos entre las nuevas lecciones y conocimientos previos.

3. Convierte a tu colega en tu profesor

Probablemente te ha pasado: tienes que dar una conferencia de un tema que no dominas, y en el proceso de preparar la presentación aprendes más del tema que si hubieras leído una decena de libros al respecto.

Dado que permite consolidar y reforzar nuestro conocimiento, enseñar es una excelente manera de aprender. Este fenómeno fue estudiado en la década de 1960 por el educador Edgar Dale, quien demostró que la retención de aprendizaje se potencia cuando transmitimos nuestro conocimiento a otra persona.

Una estrategia para llevar este concepto a la práctica es asignar a cada persona de tu equipo de trabajo la tarea de aprender un tema diferente y, al final del mes, impartir una clase sobre el tema a sus compañeros. Pronto verás cómo el aprendizaje colectivo se fortalece.

4. Fomenta la curiosidad

Una mente curiosa es un receptáculo para el aprendizaje. Ser curioso implica trasladar el asombro de la infancia a la edad adulta. El propio Albert Einstein decía que importaba más formular preguntas y dejar volar la imaginación que ser inteligentes. Quizá por eso, las mejores personas de negocios son aquellas que se cuestionan constantemente el *cómo* y el *por qué*.

5. Aprendizaje activo

No hay mejor manera de aprender que haciendo. Si queremos adquirir una habilidad nueva, lo mejor es hacer las cosas una y otra vez. Desarrollar una habilidad nueva requiere tiempo; por eso los músicos de clase mundial practican hasta ocho horas diarias para perfeccionar sus habilidades. También los atletas entrenan constantemente y tienen psicólogos deportivos que los aconsejan, dirigen y motivan. Impulsa a tu equipo a buscar formas de aterrizar las nuevas habilidades adquiridas al ramo de tu negocio.

6. Convertir los errores en oportunidades

Aprender de los errores es una de las habilidades de aprendizaje permanente más útiles. Como cofundadora de Fuckup Nights y exdirectora del Failure Institute, puedo asegurar que se aprende más de los fracasos que de los éxitos. La parte más importante del proceso es compartir ese aprendizaje con el mundo.

Una verdad poco reconocida en el mundo de los negocios es que la mayoría de los negocios fracasa o, dicho de otro modo, la mayoría de los negocios no tiene éxito. Sin embargo, nunca nos enseñan de qué forma reaccionar ante el riesgo de fracaso o qué hacer para sobrevivir esta etapa de cierre.

Una de las estrategias más potentes para analizar y registrar los aprendizajes del negocio es llevar a cabo una sesión *postmortem*. ¿Qué es un

colegas lleguen a la reunión con la mentalidad correcta, que debe ser positiva y centrada en el aprendizaje, no defensiva ni hipercrítica. Así, se habrán dado los primeros pasos para convertir los errores en oportunidades.

¿Cómo viven las grandes empresas el aprendizaje continuo?

Ante los veloces cambios en el empleo que los avances tecnológicos han propiciado, la consultora Ernst & Young (EY) implementó en 2017 un programa para cambiar los procesos y herramientas de desarrollo de carrera y gestión del desempeño.

A través del programa global *EY Badges* (Insignias EY), la empresa busca encaminar a sus empleados hacia un aprendizaje permanente. Este programa reconoce que obtener credenciales digitales que certifican habilidades específicas es una oportunidad valiosa para un trabajador. El programa se creó para ofrecerles a los colaboradores información y experiencia laboral que les permita desarrollarse y crecer profesionalmente. Esto, a su vez, les permitirá seguir siendo relevantes para las necesidades del mañana. El programa le brinda a EY la oportunidad de construir una fuerza laboral más ágil y flexible, y de multiplicar a escala su base de talento global de manera más rápida y efectiva.

La iniciativa incluye un catálogo de programas de aprendizaje en línea. Ahí, los empleados pueden seleccionar qué insignias EY desean obtener; para ello tienen que cumplir con cuatro niveles de logros. El primer nivel corresponde al aprendizaje, mientras que los siguientes niveles certifican que los empleados tienen experiencia en aplicar sus aprendizajes o, incluso, que han brindado capacitación a otros para desarrollar estas habilidades.

En los niveles avanzados, las insignias ofrecen la oportunidad de desarrollar aún más las habilidades para el futuro y combinarlas con proyectos relevantes.

Otro ejemplo interesante de aprendizaje dentro de una empresa lo brinda Starbucks, que en 2014 lanzó el Starbucks Global Academy Plan, en asociación con EdPlus, el departamento de enseñanza digital de la Universidad Estatal de Arizona.

A través de este programa, la cadena internacional de cafeterías ofrece licenciaturas en línea a aquellos empleados que cumplen con ciertos requisitos. Aproximadamente el 70% de los empleados de Starbucks son estudiantes, o aspiran a serlo. Sin embargo, solo el 50% de los estadounidenses que comienzan sus estudios universitarios los concluyen, generalmente debido a las barreras financieras y laborales. En ese sentido, la Starbucks Academy ofrece oportunidades interesantes para aquellos trabajadores que desean seguir trabajando en Starbucks y, al mismo tiempo, desarrollar las habilidades que les permitirán superar los empleos de primera fila en el sector restaurantero.

Los cursos son digitales y eso permite que la empresa pueda ofrecerlos a gran escala. El plan de estudios en línea brinda a los empleados la flexibilidad necesaria para integrar sus estudios a sus calendarios de trabajo. Además de brindar una forma fácil para comenzar a aprender, el programa ofrece incentivos y apoyos para apoyar al alumno en el momento más desafiante de un programa de este tipo: su finalización.

Por ejemplo, los alumnos reciben ayuda financiera cuando completan los créditos.

Los estudiantes también reciben orientación personalizada para ayudarlos en su recorrido, lo que incluye asesoría en temas relacionados con los trámites (inscripción), ayuda financiera, temas académicos, y el éxito en términos generales. Los asesores también enlazan a los alumnos con los recursos universitarios que pueden ayudarles a resolver los problemas que enfrentan.

Al ser una empresa de comercio electrónico, la minorista china JD.com es altamente sensible a los nuevos avances tecnológicos. El funcionamiento óptimo de las redes de infraestructura, logística, abastecimiento y servicio al cliente son fundamentales pues permiten aumentar la eficiencia de las operaciones. Con esto en mente, JD.com diseñó Project Z. Este proyecto busca generar información sobre tecnologías emergentes y habilidades en demanda, así como monitorear y hacer pronósticos sobre las necesidades de talento y los modelos de trabajo que vendrán en el futuro.

El Proyecto Z ha establecido una práctica nueva: clasificar los avances tecnológicos que se adoptarán en las operaciones de JD de acuerdo con su velocidad de llegada y su potencial impacto en el trabajo. Como parte de esta iniciativa, se hace una cartografía del impacto de la adopción tecnológica en los puestos de trabajo y se reclasifican las responsabilidades laborales. En algunos casos, se crean nuevos puestos; en otros, los trabajos se reinventan en función de las nuevas habilidades que exigen. A los empleados se les proporcionan opciones para mejorar sus habilidades, pensando específicamente en los nuevos puestos que las requieren.

JD ha desarrollado e implementado planes integrales de mejora de habilidades para aquellos casos que tendrán un impacto mayor en la fuerza laboral (aquellos que, como resultado de una veloz expansión tecnológica, repercuten con un aumento significativo de la función). Para otros casos en los que la automatización de las tareas ha sido veloz pero el impacto en la fuerza laboral ha sido menor, JD diseñó nuevos niveles de trabajo, así como vías de desarrollo profesional.

AT&T, por su parte, está repensando la manera en que utiliza el talento como un medio para adaptarse a los cambios tecnológicos y laborales. Un programa llamado *Workforce 2020* (WF2020) se propone reorganizar la fuerza laboral para que ocupe los nuevos puestos creados por este cambio. En los nuevos puestos se busca establecer una cultura de aprendizaje permanente, mejorar la movilidad laboral y promover el desarrollo de habilidades, en particular aquellas que son intercambiables.

Con la ayuda de una herramienta en línea, los trabajadores pueden conocer sus potenciales trayectorias de carrera, destacando los requisitos de los nuevos puestos de trabajo y las oportunidades de reevaluación existentes. El portal ayuda a entender la bolsa interna de trabajo, las habilidades necesarias para ocupar ciertos puestos, y el rango de posibles trayectorias profesionales dentro de AT&T.

Además, *Workforce 2020* publicita oportunidades de reevaluación y cursos en línea que van de programas de corta duración a maestrías en línea. Para desarrollar *Workforce 2020*, AT&T trabajó con proveedores de aprendizaje en línea como Udacity para crear materiales relevantes y diseñar planes de pago adecuados.

Pensamiento crítico y sistémico

El pensamiento crítico es un pensamiento autodisciplinado que busca razonar al más alto nivel. Consiste en analizar ideas y luego aplicarlas de manera que generen resultados fructíferos. Las máquinas, desde luego, son capaces de observar, analizar y comunicarse, pero carecen de la capacidad humana de sintetizar e imaginar.

Aunque una máquina puede superar a un ser humano en su capacidad de usar datos para abordar un problema específico (por ejemplo, ganar una partida de ajedrez u organizar una cadena de suministro global), las máquinas aún no son capaces de generar conexiones entre niveles de pensamiento que no parecen relacionadas entre sí. Pensar críticamente implica revelar las conexiones invisibles entre ciertos datos, incorporarlos en un contexto analítico, e incluso usar la intuición humana para imaginar cómo influyen en las motivaciones, emociones e historias de las personas.

Supongamos que trabajas en el departamento de moderación de contenidos de una red social, y que un usuario reporta que la fotografía que otro usuario publicó incita a la violencia. Un programa de computadora fácilmente puede determinar la edad del usuario que publicó la imagen, su ubicación y el número exacto de personas que han visto la imagen. Sin embargo, el programa sería incapaz de evaluar el *contexto* –cultural, social, político– de la imagen. Quizá la imagen buscaba ser cómica, pero si no pasa por un proceso de análisis crítico, no es posible evaluar el contexto que determina la intención de la imagen.

Si no lleva a cabo un análisis contextual, una máquina podría simplemente eliminar todas las publicaciones que se burlan de una figura pública (al interpretarlas como "incitaciones al odio"), sin importar que la intención de esas publicaciones sea satírica o cómica.

De acuerdo con el Foro Económico Mundial, el pensamiento crítico es la habilidad más importante en el entorno laboral. Sin embargo, es quizá mucho menos común de lo que imaginas.

Una de las investigaciones más sorprendentes que he leído al respecto, publicada por la empresa de educación Pearson, arroja tres datos sorprendentes que dan cuenta de la falta de pensamiento crítico en las organizaciones:

- El 49% de los gerentes califica las habilidades de pensamiento crítico de sus colaboradores como promedio o por debajo del promedio.
- Solo el 28% de los empleadores considera que los recién graduados poseen habilidades de pensamiento crítico "excelentes".
- La competencia de la que más carece la próxima generación de líderes es el pensamiento estratégico, que a su vez depende del pensamiento crítico; es decir, sabemos que el pensamiento crítico es fundamental, pero no es una habilidad del todo común. Esto se debe, quizá, a que solemos enfocarnos en aprender habilidades más tangibles, como diseño, programación o ventas.

El pensamiento sistémico, por su parte, está estrechamente ligado al pensamiento crítico, y es una capacidad fundamentalmente humana. Un programa dedicado al análisis de datos puede entender qué elementos forman parte de un sistema complejo y las maneras en que sus variables se vinculan entre sí. Este mismo programa sería incapaz de utilizar o aplicar esta información para otros fines o en otro contexto, es decir, no tiene la capacidad de llevar a cabo un análisis sistémico.

Una computadora, por ejemplo, puede modelar el impacto del cambio climático en una zona costera, evaluar la temperatura del agua, medir la contaminación, las corrientes, los patrones climáticos y una serie de factores vinculados entre sí. Al evaluar todos estos datos, la computadora podría ofrecer conclusiones sobre cómo mejorar la arquitectura costera. Sin embargo, esa misma computadora sería incapaz de usar los datos para concebir argumentos que convenzan a un funcionario de gobierno o a un legislador para que adapte el sistema de salud o la planeación urbana en torno al cambio climático.

Los expertos en pensamiento sistémico se caracterizan por su capacidad para abordar los problemas sociales más desafiantes. En Flint, Michigan, ciudad que sufrió por la contaminación con plomo en su suministro de agua potable, los pensadores sistémicos abordaron la crisis del agua como un problema que superaba las instancias de salud pública, y buscaron la manera de hacerle frente a través de un enfoque sistémico que tuviera en cuenta la infraestructura, impuestos, liderazgo y los sistemas de justicia.

En un contexto como el actual, los epidemiólogos que combaten el coronavirus pueden abordar esta enfermedad como una emergencia médica, pero también desarrollar modelos de progresión de la enfermedad y pensar en campañas de información a través de los medios de comunicación masiva. Del mismo modo, los economistas que estudian la Gran Recesión desde un punto de vista sistémico tendrían que tomar en cuenta el papel de los préstamos *subprime*, los valores respaldados por hipotecas, los errores regulatorios a nivel federal, las condiciones macroeconómicas e incluso las historias y narrativas que compartieron las personas que vivieron en aquella época (como propone el premio Nobel de Economía Robert Schiller en su libro *Narrative Economics*).

El pensamiento sistémico es una capacidad cognitiva esencial para quienes desempeñan posiciones de liderazgo, pero también para cualquiera que busque descubrir nuevos conocimientos, iniciar un negocio o crear algo original. Esta habilidad VUCA permite ver tanto el bosque como los árboles: el todo y los detalles. El pensamiento sistémico nos obliga a abrazar la complejidad y pone a prueba nuestra comprensión de distintas corrientes de ideas.

Perspicacia cultural

Hace tiempo, una de las grandes redes sociales me invitó a participar en un taller para simular la moderación de contenidos sensibles. Internet es una aldea global, donde personas de todo el mundo pueden encontrarse con contenidos idénticos y reaccionar de forma muy diferente ante ellos.

La imagen de una mujer amamantando a su bebé, por ejemplo, puede ofender a personas en ciertas partes del mundo, mientras que en otras latitudes la imagen inspirará ternura y emociones positivas.

Durante los dos días del taller simulamos la moderación de imágenes y publicaciones que suelen ser conflictivas. Nuestra conclusión principal fue que la sensibilidad cultural es una habilidad clave –y muy escasa– a pesar de que en el presente estamos más expuestos a otras culturas que nunca.

La perspicacia cultural es una habilidad VUCA que nos ayuda a navegar con éxito en situaciones transculturales. En el pasado, la perspicacia cultural era importante si eras viajero de negocios o diplomático, pero la globalización ha convertido esta habilidad en imperativo de toda persona en busca de que su trabajo cruce fronteras.

Además, no importa qué tan exacta llegue a ser la traducción de Google: la verdadera perspicacia cultural está fuera del alcance de las máquinas. En tanto requiere empatía, discreción y sentido común, la perspicacia cultural va más allá de saber comportarse en una videoconferencia o en un restaurante que sirve comida de un país lejano. Requiere una inmersión lo bastante profunda en una cultura para que nos permita encajar sin fricciones en equipos multiculturales o trabajar para lograr un objetivo común con personas que tienen vidas muy diferentes a las nuestras.

Pero no hace falta ir lejos para usar la perspicacia cultural. Las corporaciones tienen diferentes culturas empresariales y esperan que los empleados se adapten a ellas; por ello, la perspicacia cultural puede resultar útil en una situación tan cotidiana como cambiar de trabajo.

¿Recuerdas el *ice bucket challenge*? Fue un reto viral que consistía en echarse un balde de agua helada en la cabeza. En los Estados Unidos, el reto fue visto como un inofensivo meme que ayudaba a recaudar dinero para los científicos que estudian la esclerosis lateral amiotrófica. En la India, en cambio, el reto se consideró escandaloso. En un país donde el agua potable es escasa, el *ice bucket challenge* fue visto como un ofensivo derroche de agua. En consecuencia, los participantes de la India, en lugar de echarse un *postmortem*? En el mundo de la medicina, es la autopsia que le practican a un cadáver para determinar la causa de la muerte. En el mundo de los negocios, es una conversación que sucede al terminar un proyecto o cerrar un negocio, en la que se busca analizar qué salió bien y qué salió mal. Se responde a la pregunta: "¿cómo lo hicimos?"

Lo ideal es realizar la autopsia al terminar cualquier proyecto, sin importar el resultado. Hay quienes tienden a pensar que un *postmortem* es para analizar solo lo que salió mal. Nunca he trabajado en un proyecto que haya salido a la perfección, así que es mucho más realista hablar de lo que salió bien, mal y regular.

La próxima vez que termines un proyecto, te invito a que convoques a tus colaboradores más cercanos a una reunión informal. Procura no dejar que pase mucho tiempo para que no olviden detalles que será importante analizar.

Si es posible tener un moderador que no haya sido parte de la organización será aún mejor, pues permitirá que todos los demás miembros del equipo tengan la libertad de decir lo que piensan sin preocuparse excesivamente por la estructura o el proceso.

El moderador también debe ser quien tome notas. Recomiendo usar un pizarrón blanco para apuntar. Eso permite que los miembros del equipo se mantengan involucrados en la discusión en lugar de que se dediquen a garabatear notas frenéticamente.

Para obtener aprendizajes reales del *postmortem* es importante mantener una mentalidad constructiva. El objetivo de la reunión no es resaltar fallas ni asignar culpas; tampoco se trata de evaluar el desempeño de los empleados. Por lo tanto, es importante que tus baldazo de agua, donaban una bolsa de arroz a alguien necesitado (*rice bucket challenge*). Un espectador versado en la perspicacia cultural de la cultura india habría podido pronosticar la indignación que el reto produciría en el país asiático.

No hay máquina en el mundo que pueda aconsejarnos sobre cómo responder a un extraño que intenta conversar con nosotros en una fiesta, o cómo reaccionar al tono de voz y lenguaje corporal de un nuevo colega de trabajo. Las máquinas podrán señalarnos el significado exacto de las palabras que salen de boca de un empresario, pero son incapaces de negociar un acuerdo al tiempo que interpretan los subtextos, mensajes no expresados y suposiciones culturales.

La perspicacia cultural es crucial para resolver aquellos problemas que cambian de un lado a otro de una frontera nacional. Un vendedor de celulares ejecutará una estrategia muy diferente en la India que en Estados Unidos. El director de una escuela en Alemania podría solicitar la compra de un costoso equipo para su laboratorio de química; esa misma máquina, en cambio, podría resultar totalmente inútil en el contexto de una escuela rural en México sin acceso a la electricidad.

En casos así, la mejor respuesta es la innovación inversa, o sea, buscar cómo satisfacer una necesidad a bajo costo o usando los recursos disponibles en el mundo en desarrollo. Para ello es necesario entender contextos, algo que ni las máquinas más inteligentes son capaces de hacer. La economía globalizada difuminó las fronteras comerciales, pero los seres humanos siguen viviendo y trabajando en contextos sumamente distintos. Interpretar las diferencias culturales sigue siendo una habilidad humana.

Los equipos diversos son más productivos. Y los equipos que son sensibles a su diversidad son imparables. Afortunadamente, vivimos en un mundo globalizado e hiperconectado en el que cada vez es más común trabajar o estudiar con personas de otros países, otras ideologías y otros puntos de vista.

Hasta que las máquinas avanzadas aprendan a navegar la infinita variedad de creencias y comportamientos humanos, seremos nosotros quienes ostentemos esta tarea.

Alfabetización de datos

Hasta hace poco una persona "alfabetizada" era aquella que dominaba la lectura, la escritura y las matemáticas básicas. En un mundo laboral dominado por el avance tecnológico, esto ya no es suficiente.

Si deseas que tú y tu negocio sigan siendo competitivos, es importante que tu empresa se someta a una campaña de "alfabetización de datos". Para ello no es forzoso tener un científico de datos en el equipo, ni saber programar en los lenguajes propios del análisis de datos, como R o Python. Por "alfabetización de datos" me refiero a la capacidad de identificar qué datos generamos, para qué sirven, cuáles son sus limitaciones y cómo podemos usarlos para tomar mejores decisiones.

Una de las consecuencias de la irrupción de la tecnología en cada aspecto de nuestras vidas ha sido la explosión de los datos disponibles. El Internet de las Cosas o *Internet of Things* ha aumentado la cantidad de productos "inteligentes" que se conectan a internet y ocupan cada rincón de nuestros hogares, oficinas, e incluso de nuestra ropa. De acuerdo con reportes, muy pronto viviremos en un mundo de 50 mil millones de objetos inteligentes. Y estos objetos no estarán solo en los hogares. Incluso las piezas de maquinaria pesada, como los motores, han dejado de ser simples engranajes y metales, y ahora cuentan con sensores que interpretan su funcionamiento, generan datos, y los transmiten al operador para optimizar la precisión y eficiencia de la maquinaria. Esta práctica se ha extendido a lugares nunca imaginados: en Holanda, por ejemplo, ya hay vacas equipadas con sensores "inteligentes" que permiten rastrear su salud y sus actividades: una especie de combinación de Big Data y *Big Brother* para crear *Big Cow*.

Como explica Michael Patrick Lynch en su libro *The Internet of Us: Understanding More and Knowing Less in the Age of Big Data* ("El Internet de nosotros: saber más y comprender menos en la era de los grandes datos"), la información que inferimos a partir de las correlaciones del Big Data puede ser engañosa si no comprendemos su contexto. Por ello, la "alfabetización de datos" otorga una de las habilidades VUCA más importantes: la capacidad de entender mejor nuestra propia existencia y funcionamiento.

En su libro, Lynch ofrece el ejemplo de un conocido videomapa que busca trazar la expansión de la cultura en el mundo a partir de un conjunto de datos sobre los sitios de nacimiento y muerte de personas *notables* en los últimos dos mil años. Sin embargo, la forma y los hallazgos del mapa reflejan por completo los sesgos personales de los creadores (incluida su apreciación personal sobre qué implica ser notable y qué conforma la cultura). En consecuencia, el videomapa tiene un marcado sesgo eurocéntrico y masculino.

Este ejemplo nos deja en claro que las respuestas que los datos arrojan son solo tan buenas como las preguntas que formulamos y los parámetros que establecemos para enmarcarlas. Para obtener buenas respuestas, necesitamos comprender no solo las correlaciones entre los datos, sino también el cómo y el por qué de los hechos.

Entender los datos nos permitirá ver más allá de cada hilo y nos llevará a apreciar el tapiz completo. Los datos permiten apreciar la forma en que las relaciones en un sistema se cruzan, conectan y complementan. Volviendo al ejemplo anterior: no basta con ver que la *cultura* se extienda a diferentes zonas de un mapa siguiendo un patrón específico. Es necesario estudiar los contextos sociales, económicos y políticos a escala global si queremos ofrecer respuestas comprensivas. Esa capacidad de ir más allá de los datos y analizar cómo sistemas disímiles se relacionan entre sí es algo que un robot difícilmente podrá hacer. El propósito de la alfabetización de datos, entonces, es darnos las herramientas para interpretar un registro digital y también para entender en qué momento debemos continuar nuestras búsquedas de información fuera del ámbito cercano.

Competencias digitales

En 2018 lideré una investigación enfocada en entender la relación entre las competencias digitales y el éxito o fracaso de las pequeñas empresas. Para ello, invité a un grupo de emprendedores que habían fracasado en sus negocios con el fin de escuchar de sus experiencias. En un ambiente relajado, hablamos del papel que habían jugado las competencias digitales (o su ausencia) en sus éxitos y fracasos. Mi mayor interés era determinar si los participantes habían desarrollado competencias propias de la economía digital (por ejemplo, si sabían anunciarse y vender en internet, si sabían crear contenidos y distribuirlos, y si sabían aplicar los conocimientos tecnológicos a su negocio). También hablamos sobre qué habilidades tecnológicas les habrían ayudado a gestionar mejor sus negocios y de los vínculos entre no saber usar la tecnología y el fracaso.

Los participantes compartieron historias de equipos que fracasaron por no buscar soluciones tecnológicas, de negocios que fallaron al no darle la importancia merecida a la expansión digital y de emprendedores que se rezagaron por la adopción tardía. Reproduzco algunas citas de los participantes para conocer sus experiencias de boca propia:

"A los negocios que fracasaron no les metí tecnología. Hasta que me metí a la incubadora de la universidad, [fue que] me dijeron que necesitaba reestructurar la página; ahí se me abrieron los ojos de hasta dónde puede llegar esto. Estaba pensando en algo más tradicional con las demás empresas, algo tipo 'hay que tener una página para que la gente nos encuentre', eso era todo. Teníamos problemas de inventarios y jamás pensé en solucionarlo con una plataforma. Uno piensa siempre en solucionar las cosas con lo que sabe, pero ése era el problema, que no conocíamos nada, cuando en la web hay un montón de soluciones".

"Como era yo la que llevaba la administración del negocio, me acostumbré a tener todo en la nube, así en cualquier momento podía checarlo, pero los trabajadores hacían las notas en papel. Se supone que

el sistema de cobro sincronizaba todo y yo podía ver en tiempo real cuánto se estaba vendiendo. Lo malo fue que los empleados nunca lo aprendieron a usar y tenía que estar checando las ventas del día nota por nota".

"Puedes ser la empresa más grande del mundo o el changarrito de la esquina: si no estás en redes sociales, no estás".

"Facebook nos ayudó bastante, yo creo que no lo explotamos al máximo. Aunque ése era el medio o canal principal en el que nos promovíamos, mediante el cual teníamos visibilidad. Ahí nos veían, pero nos contactaban por teléfono. Por eso hicimos tarjetitas que tenían nuestras redes y WhatsApp. El WhatsApp era lo que más funcionaba, los que no nos contactaban por Facebook, lo hacían por Whats o por llamada".

"Si hubiera puesto el negocio ahora, en 2018, y no en 2006, me hubiera enfocado más en ventas por internet o en un local comercial, pero de otra forma. Por ejemplo, la esposa de mi jefe tiene una boutique de ropa de niños en una plaza, pero la mayoría de sus clientes los tiene por Facebook y van a la tienda solo a cerrar la compra. Creo que ahora es básico trabajar con tecnología".

"La tecnología cambió mucho cuando se detonó el contenido por video. Antes se invertía mucho en redes sociales y era difícil para gente que no sabía programar o gente alejada de la tecnología crear sus sitios web o desarrollar blogs. Desde ese punto de vista, poder lanzar y promocionar un negocio era algo más complicado y requería mayor tiempo. Ahora, la inclusión de videos, los canales de Instagram, hasta hacer las

transmisiones en vivo de eventos, ha ayudado muchísimo al posicionamiento de una marca y a los negocios a generar ventas. Sobre todo, construir sitios web y construir plataformas de e-commerce es mucho más fácil y barato. Permite que inviertas mucho menos. También desde el lado de la administración de proyectos, antes las herramientas eran algo caras, difíciles de usar desde la parte móvil, y ahora prácticamente desde cualquier lado puedes estar al tanto de cómo van tus proyectos, cómo va tu CRM, cómo va todo. En cualquier momento del día, desde tu celular, llevas un control de las actividades de tus equipos, eso ayuda muchísimo dentro de la planeación de la empresa".

Luego de tomar en cuenta estos y otros testimonios, la investigación concluyó que una de las maneras más eficientes de promover la creación de negocios nuevos y perdurables es dotar a las personas de competencias digitales.

Pero antes de hablar de las habilidades indispensables para el presente, quiero remitirme a las del pasado. Dos siglos atrás, leer y escribir eran habilidades excepcionales e inaccesibles para buena parte de la población. Sin embargo, los seres humanos descubrimos que la alfabetización era el primer paso hacia la autonomía personal, la reducción de la pobreza y el ejercicio de la ciudadanía.

Actualmente estamos viviendo un proceso similar. La tecnología está transformando el mundo y ha generado oportunidades que solo podrán ser aprovechadas por aquellos "alfabetizados digitales" con las capacidades idóneas. Por ejemplo, nunca había sido tan fácil como ahora validar si una idea de negocio es buena o mala, crear una tienda que venda en línea a todo el planeta o promocionar un producto o servicio ante millones de personas. Sin embargo, dichas posibilidades solo pueden ser aprovechadas por quienes poseen las competencias digitales apropiadas.

Por "alfabetismo digital" me refiero a la habilidad VUCA que proviene del conocimiento de las matemáticas y los principios básicos del uso de la tecnología. Los nativos digitales crecieron con las tecnologías digitales y poseen las aptitudes para aprovechar al máximo las capacidades técnicas de sus dispositivos. Y aunque saben qué aplicaciones usar o qué sitios web visitar, no necesariamente entienden los procesos que ocurren detrás de la pantalla táctil. Las personas necesitan aumentar su conocimiento tecnológico si quieren comprender el lado mecánico de las máquinas que usan a diario.

De la misma manera en que los trabajadores de las fábricas hace un siglo necesitaban entender las estructuras básicas de los motores y los molinos, los trabajadores de hoy debemos entender los principios elementales detrás de nuestros dispositivos. Esto nos permitirá aprovechar al máximo tanto software como hardware. Debido a que la programación es la *lingua franca* del mundo digital, creo que en el futuro próximo todos deberíamos estar familiarizados con ella. Con esto no quiero decir que todos debamos saber programar; más bien, me refiero a la capacidad de ver un fragmento de código y, en términos generales, poder interpretarlo. De hecho, como mencioné antes, en un futuro muchas tareas de análisis de datos y programación estarán automatizadas.

En la actualidad ya existen herramientas como Ready y Rayuela que permiten a personas sin grandes aptitudes matemáticas crear software original. En un elogio a este tipo de "informática popular", David S.

Bennahum, cofundador y CEO de Ready, escribe: "Es cuestión de tiempo para que el proceso de creación del software se transforme y se convierta en una tarea predominantemente lógica. Pero en lo que esperamos que llegue ese momento, es esencial adquirir conocimientos básicos de los distintos lenguajes informáticos y sus conceptos básicos".

El surgimiento de herramientas como Ready muestran un detalle clave de las competencias digitales: evolucionan tan rápido como la tecnología y, por ello, la educación en el rubro de las competencias digitales debe actualizarse de forma continua.

Las competencias digitales de hace diez años eran muy distintas a las de hoy. Conforme las nuevas tecnologías avanzan, también las competencias necesarias para usarlas. Una competencia digital no es un concepto estático, sino uno en flujo constante. Las innovaciones tecnológicas y las formas en que los usuarios se apropiarán de ellas son difíciles de predecir. Por ello, aunque es posible hacer algunos pronósticos a futuro, a menudo resulta difícil vislumbrar, de manera exacta, la manera en que los cambios tecnológicos afectarán a las personas en su vida cotidiana y en el ámbito profesional.

¿A qué me refiero exactamente cuando hablo de competencias digitales? Una competencia digital es un conjunto de conocimientos, habilidades y actitudes que apuntan a diversos propósitos (comunicación, expresión creativa, gestión de la información, desarrollo personal), dominios (vida cotidiana, trabajo, privacidad y seguridad, aspectos legales) y niveles (niveles cognitivos y niveles de competencia).

Para la investigación sobre competencias digitales que lideré en 2018, mi equipo y yo nos basamos en el Marco Europeo de Competencias

Digitales, desarrollado por el Joint Research Centre (JRC), que identifica 21 competencias agrupadas en cinco áreas clave: 1) Información y alfabetización de datos, 2) Comunicación y colaboración, 3) Creación de contenidos digitales, 4) Seguridad y 5) Resolución de problemas.

Las cinco áreas se subdividen y detallan de la siguiente manera:

1. Información y alfabetización de datos

1.1 Navegación, búsqueda y filtrado de datos, información y contenido digital
Entender qué información se necesita, buscar datos y contenido en entornos digitales. Permite crear y actualizar estrategias de búsqueda.
1.2 Evaluación de datos, información y contenidos digitales
Analizar, comparar y evaluar críticamente la credibilidad y confiabilidad de las fuentes de datos, información y contenido digital.
1.3 Gestión de datos, información y contenidos digitales
Organizar, almacenar y recuperar datos, información y contenido en entornos digitales.

2. Comunicación y colaboración

2.1 Interactuar a través de las tecnologías digitales
Comprender los medios de comunicación digitales apropiados para un contexto dado.
2.2 Compartir a través de tecnologías digitales
Compartir datos, información y contenido digital con otros a través de tecnologías digitales. Actuar como

intermediario, conocer las prácticas de referencia y
atribución.
*2.3 Participar en la ciudadanía a través de las
tecnologías digitales*
Participar en la sociedad mediante el uso de servicios
digitales públicos y privados. Buscar oportunidades para
el autoempoderamiento y para la ciudadanía
participativa a través de tecnologías digitales
apropiadas.
2.4 Colaboración a través de tecnologías digitales
Usar herramientas y tecnologías digitales para procesos
de colaboración, y para la co-construcción y co-creación
de recursos y conocimiento.
2.5 Netiquette, *o etiqueta digital*
Conocer las normas de comportamiento y los
conocimientos prácticos al utilizar tecnologías digitales e
interactuar en entornos digitales. Adaptar las estrategias
de comunicación a la audiencia específica y conocer la
diversidad cultural y generacional en entornos digitales.
2.6 Gestión de la identidad digital
Crear y administrar una o varias identidades digitales
para poder proteger la reputación y manejar los datos
que se producen a través de varias herramientas,
entornos y servicios digitales.

3. Creación de contenidos digitales

3.1 Desarrollando contenidos digitales
Crear y editar contenido digital en diferentes formatos
para expresarse a través de medios digitales.
3.2 Integración y reelaboración de contenidos digitales
Modificar, refinar, mejorar e integrar información y
contenido en un cuerpo de conocimiento existente para
crear contenido y conocimiento nuevo, original y
relevante.

3.3 Derechos de autor y licencias
Comprender cómo se aplican los derechos de autor y las licencias a los datos, la información y el contenido digital.

3.4 Programación
Planificar y desarrollar una secuencia de instrucciones comprensibles para un sistema informático con el fin de resolver un problema determinado o realizar una tarea específica.

4. Seguridad

4.1 Dispositivos de protección
Comprender los riesgos en entornos digitales y conocer las medidas de seguridad y protección. Tener en cuenta la fiabilidad y privacidad.

4.2 Protección de datos personales y privacidad
Comprender cómo usar y compartir información personal y, al mismo tiempo, saber protegerse y proteger a los demás.

4.3 Protección de la salud
Ser capaz de evitar riesgos y amenazas al bienestar físico y psicológico al usar tecnologías digitales; poder protegerse a sí mismo y a otros de posibles peligros en entornos digitales. Conocer las tecnologías digitales para el bienestar y la inclusión social.

4.4 Proteger el medio ambiente
Conocer el impacto ambiental de las tecnologías y su uso.

5. Resolución de problemas

5.1 Resolución de problemas técnicos

Identificar problemas técnicos al operar dispositivos y en entornos digitales, y saber cómo resolverlos (resolución tanto de problemas menores como de problemas más complejos).

5.2 Identificación de necesidades y respuestas tecnológicas

Evaluar necesidades e identificar, valorar, seleccionar y utilizar herramientas digitales y otras posibles respuestas tecnológicas para resolverlas. Ajustar y personalizar los entornos digitales a las necesidades propias o del negocio (por ejemplo, accesibilidad).

5.3 Uso creativo de las tecnologías digitales

Usar herramientas y tecnologías digitales para crear conocimiento e innovar procesos y productos; y, en el procesamiento cognitivo, para comprender y resolver problemas conceptuales y situaciones problemáticas en entornos digitales.

5.4 Identificación de brechas en las competencias digitales

Comprender qué y cómo mejorar o actualizar la competencia digital. Ser capaz de apoyar a otros con su desarrollo de competencias digitales. Buscar oportunidades para el desarrollo personal y mantenerse al día con la evolución digital.

La investigación encontró que, entre aquellos emprendedores cuyo negocio fracasó, apenas 9.52% dijo haber vendido con éxito un producto o servicio en internet; 46.67% lo intentó, pero con escasos resultados; 16.67% quiso vender en línea y fracasó; 27.14% dijo desconocer cómo vender en línea.

Las cifras en torno a las ventas en línea son consistentes con el uso de la publicidad. El 44.76% de los encuestados dijo que anunció su producto o servicio en internet pero tuvo pocos resultados; 16.19% expresó que lo intentó y fracasó; solo 13.81% afirmó que la publicidad en línea generó buenos resultados para su negocio. Una cuarta parte de los encuestados dijo desconocer cómo anunciarse en línea.

En otras palabras, la falta de competencias digitales en la mercadotecnia limita las oportunidades de venta y promoción y, por lo tanto, reduce las posibilidades de éxito.

Además, carecer de dichas competencias cierra muchas puertas, por ejemplo: excluye de las oportunidades educativas y profesionales que la tecnología facilita.

Creatividad

Decidí dejar esta habilidad al último por ser la más polémica. He sido testigo de innumerables debates en los que un grupo de expertos asegura que, dentro de poco, los robots serán creativos. Otro grupo afirma que ya lo son. Uno más explica que la tecnología jamás igualará la creatividad humana.

Este debate es parte de una discusión más amplia y compleja que busca responder una pregunta que da por hecho este escenario: ¿cuándo reemplazarán las máquinas a los humanos en todos los campos conocidos, incluido el de la creatividad? El futurista Ray Kurzweil pronostica que en 2029 crearemos una forma de inteligencia artificial (IA) capaz de hacerse pasar por una persona con estudios intermedios; Kurzweil se refiere a dicho momento de desarrollo tecnológico como *singularidad*.

Debo confesarme escéptica ante la idea de que en 2029 la IA podría ser tan creativa como un alumno de preparatoria. Si lo que dice Kurzweil es correcto, y las máquinas pueden alcanzar un nivel de inteligencia humana, eso significaría que una mente no es más que un órgano –un cerebro– que procesa un conjunto de algoritmos informáticos. Esta visión se conoce como *computacionalismo*. Mi crítica a esta visión se desprende de mi definición personal –y una comprensión distinta– del concepto de creatividad.

El catedrático de filosofía de la Universidad de Harvard, Sean Dorrance Kelly, coincide conmigo: la creatividad siempre será un atributo humano. Para este filósofo, la creatividad no se limita a crear cosas nuevas sino que también nos obliga a replantear nuestra forma de ver el mundo, algo que una máquina jamás podría hacer. Además, la creatividad tiene un contexto histórico: lo que se consideraba inspiración creativa en un periodo o lugar, puede rechazarse por ridículo, estúpido o loco en otro. Una sociedad debe celebrar y aceptar las ideas para que se consideren creativas.

Kelly explica que, en el pasado, los seres humanos creíamos en el poder y capacidad creadora de tótems inertes y advierte que, si tratamos la IA como a un ser superior, acabaremos atribuyéndole capacidades creativas. Si eso sucede, no será porque las máquinas nos hayan superado sino porque nos habremos subestimado a nosotros mismos.

En la década de 1960, Paul Torrance desarrolló una serie de pruebas que buscaban cuantificar la creatividad de una persona. Una de ellas, por ejemplo, consistía en pedirle a un niño que hiciera dibujos alrededor de una forma geométrica básica, de tal modo que terminara por contar una narrativa. Estas pruebas son muy comunes en escuelas y empresas. Sin embargo, incluso los defensores más ardientes de dichas pruebas coinciden en que la creatividad es un fenómeno tan sorprendente que difícilmente se puede cuantificar.

J.P. Guilford, pese a todo, ofrece dos conceptos muy útiles para entender cómo funcionan estas pruebas: pensamiento convergente y divergente. Cuando una persona emplea el pensamiento convergente, se centra en encontrar la respuesta única y "correcta" a un problema o tarea. Responder preguntas en una prueba de opción múltiple es un ejemplo de pensamiento convergente.

El pensamiento divergente, por otro lado, consiste en ofrecer múltiples respuestas creativas como parte de un libre flujo de ideas. El pensamiento divergente incluye procesos como la lluvia de ideas y la escritura libre, que consiste en poner la mayor cantidad de ideas sobre la página sin importar estructura o gramática. El pensamiento divergente se asocia con la alegría, la curiosidad y la disposición a asumir riesgos. Estos tres elementos son fundamentales para tener éxito en nuestro cambiante mundo VUCA. Las investigaciones sugieren que un estado de ánimo positivo es propicio para el pensamiento creativo y que, por el contrario, la negatividad inhibe el ingenio.

Ya ha habido intentos por crear robots creativos y los resultados han sido mediocres. En Japón, por ejemplo, un grupo de investigadores creó un robot novelista; irónicamente, el título de su libro fue *El día que una computadora escriba una novela*. Cabe aclarar que, antes de comenzar a escribir, el "autor" recibió una serie de lineamientos lingüísticos y herramientas narrativas, así como datos y perfiles de personajes, una trama, un tiempo verbal y las ubicaciones en las que ocurriría la historia. El resultado fue una novela escrita en tiempo récord, pero que jamás ganaría un Premio Nobel de Literatura.

Otro gran ejemplo de por qué un robot no puede ser tan creativo como un humano se aprecia en algo tan básico como la lucha libre. Las peleas entre el Santo y Blue Demon son un montaje creativo: cuando en un videojuego de luchas un jugador humano pelea contra la computadora, nunca ocurren esos despliegues creativos que buscan crear el mayor efecto dramático posible.

Un ejemplo más de la insuficiencia creativa de las máquinas lo ofrecen los algoritmos de aprendizaje profundo que se basan en las creaciones de grandes compositores como Bach. Hay algoritmos que componen música tan similar en forma y estilo a la de Bach que incluso los expertos la confunden con piezas originales del compositor. Pero esto no es creatividad, sino *mimetismo*. Es lo que hace un artista al inicio de su carrera: copiar y perfeccionar el estilo de artistas consagrados en lugar de desarrollar un estilo propio. La creatividad musical de Bach es valiosa en tanto que fue original y rompió con la tradición previa, mientras que el mimetismo del robot tiene escaso valor artístico.

Como músico, Bach tomó una serie de herramientas –la composición musical, los instrumentos de una orquesta– y los potenció a través de su propio talento humano y el de los músicos. Algo similar hizo David Bowie en los años noventa con una aplicación para Mac llamada Verbasizer. Como parte del proceso de escritura de sus letras, Bowie reunía cientos de escritos propios y fragmentos de poemas. Luego, con ayuda del programa, los combinaba de manera pseudo-aleatoria para generar nuevas letras de canciones.

Al igual que herramientas previas de la industria de la música –dispositivos de grabación, sintetizadores, *samplers* y *loopers*– las nuevas herramientas de la inteligencia artificial funcionan estimulando y canalizando las capacidades creativas del artista humano, al tiempo que reflejan los límites de esas habilidades.

La creatividad, desde luego, no solo es necesaria en el arte: también es indispensable para crear conocimientos científicos. Pongamos de ejemplo a una de las mentes más brillantes de la historia: Albert Einstein. Este físico, famoso por su teoría de la relatividad, no fue el primero en elaborar las ecuaciones que describen la estructura del espacio y el tiempo: George Fitzgerald, Hendrik Lorentz y Henri Poincaré, entre otros, desarrollaron antes esas ecuaciones. Sin embargo, Einstein es reconocido como el descubridor de la teoría de la relatividad debido a su extraordinaria y original comprensión de lo que esa teoría significaba, y también por su gran capacidad de comunicar esa información a los demás.

Para que una computadora haga física teórica a un nivel creativo comparable al de Einstein, debe ser capaz de convencer a otros físicos de la importancia de sus ideas con la misma persuasión con que lo hizo Einstein. Es decir, un público debe poder entender y aceptar las propuestas que hace esa máquina, y la máquina debe ser capaz de articularlas de manera convincente.

El filósofo Sean Dorrance Kelly considera que, si llegamos a crear una máquina así, como en la parábola de Pinocho, tendríamos que tratarla como a un ser humano. Eso significa que, entre otras cosas, tendríamos que atribuirle la inteligencia, la dignidad y el valor moral propios de un ser humano. En lo personal creo, sin embargo, que dicho escenario es más propio de la ciencia ficción y la literatura especulativa.

Si un día consideramos que la "creatividad" de una máquina puede sustituir la nuestra, entonces las máquinas realmente podrán parecernos inconcebiblemente superiores a nosotros. Pero eso solo sucederá si subestimamos el papel central de la creatividad en nuestra identidad como humanos.

Para fortalecer la habilidad VUCA de la creatividad, tú y tu equipo pueden seguir estas estrategias:

Ver el mundo con ojos nuevos

Cuando trabajamos por mucho tiempo en un mismo tema y con el mismo enfoque, podemos ser víctimas de lo que en inglés suele llamarse *workshop blindness*, o ceguera de taller. Esta condición se caracteriza por una sobreexposición al trabajo que nos *ciega*, impidiendo la autocrítica y la capacidad de notar errores obvios. Para mirar el mundo (y nuestro trabajo) con ojos nuevos, es importante salir de la rutina (o al menos salir físicamente de la oficina). Trabajar un día o una semana desde una ubicación diferente sacará al equipo de su zona de confort y lo expondrá a estímulos diferentes. Ver, pensar y sentir cosas nuevas es el combustible ideal para la creatividad.

Hacer un mural de influencias

Elijan una pared de la oficina y transfórmenla en un *collage*. Debe ser un espacio en el que cualquier persona pueda escribir una palabra o pegar una fotografía de algo inspirador, ya sea el diseño de un producto, la imagen de un paisaje o el folleto de un museo. Absorber nuevas influencias es esencial para construir nuestro ADN creativo.

Olvidar el pasado

Quizá tú y tu equipo lograron grandes cosas en el pasado y no está mal sentirse orgullosos de ello. Pero no hay que vivir de glorias pasadas: es importante mirar hacia adelante y seguir innovando. Quedarse atrapado en las ideas de antaño puede engancharte en un ciclo repetitivo.

Pensemos, por ejemplo, en Henry Ford: él nunca dio por sentado que la producción de vehículos sería siempre igual. A inicios del siglo XX, los fabricantes de automóviles mantenían el vehículo en un mismo lugar de la fábrica y los trabajadores se congregaban a su alrededor para instalar las piezas. Ford propuso lo opuesto: mantener a los trabajadores fijos en diversas estaciones y mover el automóvil de un sitio a otro, creando así la línea de montaje moderna. Con frecuencia, el avance creativo exige una ruptura con el pasado.

Nutrirse del arte

El arte, en todas sus manifestaciones, es una inagotable fuente de inspiración. Si tú o tu empresa están en posibilidades de hacerlo, los invito a que desarrollen un programa de "artista en residencia" en la oficina; estar en contacto con un artista que trabaja con distintas técnicas, materiales, objetos y formas puede ser sumamente inspirador para un equipo, y revelar algunas de las claves para la creatividad.

Otra opción puede ser asistir, tanto de forma individual como grupal, a museos, conciertos, presentaciones de libros, y otras actividades culturales.

Volver a ser niños

Jugar permite que la mente deambule e improvise, y le da tiempo al subconsciente de salir a la superficie. Por esta razón, a veces es necesario ausentarse del trabajo para que florezca la creatividad.

Una manera divertida de dar rienda suelta al subconsciente de tu equipo es tomar un breve curso de improvisación. Este género teatral, muy común en la comedia, se caracteriza por su ausencia de guión: son los actores quienes inventan sobre la marcha la historia, los personajes, los diálogos y la dramaturgia, permitiendo una sucesión de absurdos.

Hace unos años organicé un curso de improvisación con apoyo de un comediante mexicano y los resultados fueron sorprendentes: todos los asistentes pasamos un muy buen rato y descubrimos un espacio mágico donde hacer el ridículo no solo se permite, sino que se alienta. Por unas horas, todos volvimos a ser tan creativos como los niños.

Consultarlo con la almohada

El pintor Salvador Dalí declaró alguna vez: "Mis mejores ideas vienen de mis sueños". La fascinación de Sigmund Freud por el mundo onírico lo llevó a desarrollar una nueva vía para explorar la mente humana: el psicoanálisis. Woody Allen llena papelitos con apuntes para posibles guiones ("Un hombre hereda todos los trucos de magia de un famoso mago") y los guarda en un cajón de su mesa de noche.

Seguir el ejemplo de estas mentes creativas es fácil: nunca te vayas a dormir sin tener papel y bolígrafo a la mano.

Practicar la atención plena

Una de las habilidades que se adquieren al practicar atención plena, o *mindfulness*, es la de apreciar el mundo sin juzgar y sin poner etiquetas a las personas o experiencias en función de nuestras expectativas e ideas preconcebidas. El *mindfulness* nos empuja a ser abiertos y curiosos, y a resistir los estereotipos. En tanto que despojarnos de los estereotipos nos revela nuevas formas de entender la realidad y hasta nos ayuda a ver el mundo a través de los ojos de alguien más, es una excelente manera de fomentar la creatividad.

Fusionar ideas

En la física nuclear, la combinación de dos núcleos atómicos se conoce como *fusión*. Este proceso, a su vez, desencadena una reacción en la que se desprenden enormes cantidades de energía. En un estudio reciente, el neurocientífico británico Paul Howard-Jones pidió a los participantes que inventaran historias a partir de tres conceptos. Al primer grupo se le asignó una serie de palabras relacionadas entre sí, como "cepillo", "dientes" y "brillo". Al segundo le asignaron palabras sin relación clara entre sí, como "vaca", "cierre" y "estrella". Las personas tuvieron que inventar una historia a partir de palabras sin relación aparente inventaron historias más creativas. Invita a tu equipo a asociar ideas que no parezcan tener relación directa, y a combinar conceptos que parezcan vinculados. Esas combinaciones pueden, en casos especiales, crear una reacción inesperada: la fusión que desencadena la creatividad.

La evaluación de las habilidades también cambia

Imagina que estás a media entrevista laboral en una empresa nueva y tu interlocutor te invita a conocer al frenólogo de la compañía. Acto seguido, este personaje desenfunda unas pinzas y una cinta métrica, y procede a medir tu cráneo para determinar si cumples con el perfil que la empresa busca. Sé que suena ridículo, pero en algún momento los seres humanos estábamos convencidos de que medir cabezas era una forma válida de determinar la inteligencia de una persona. Afortunadamente, esta técnica ha caído en desuso y descrédito; sin embargo, aún recurrimos a otros métodos y técnicas que podrían considerarse pseudocientíficos.

En el presente, las decisiones de los empleadores se fundamentan en datos. Y las evaluaciones de los procesos de contratación ofrecen datos que permiten tomar decisiones mejor informadas en el aspecto más crítico para el éxito de la empresa: las personas. Equivocarse en una contratación puede ser muy costoso; por ello, los departamentos de recursos humanos están usando herramientas como las pruebas psicométricas para que los gerentes tomen mejores decisiones en materia de personal.

El primer uso de pruebas estandarizadas se remonta al 605 d.C., en China. Una prueba estandarizada a nivel nacional, llamada Examen Imperial, se usó para seleccionar a los funcionarios que ocuparían puestos de gobierno. Este tipo de prueba, que buscaba recompensar el mérito, tuvo gran influencia en Occidente, especialmente entre los británicos, quienes adoptaron el mismo proceso para elegir a sus empleados gubernamentales. Con el tiempo, Estados Unidos adoptaría un proceso similar para seleccionar a los funcionarios de gobierno, poniendo fin al *spoils system*, sistema clientelar que otorgaba los puestos del gobierno a aquellas personas que apoyaron la candidatura del presidente entrante, sin tener en cuenta sus habilidades.

Posteriormente, se desarrollaron muchos tipos de evaluaciones de personalidad. Una prueba muy conocida y utilizada a inicios del siglo XX fue el Inventario Multifásico de Personalidad de Minnesota (*Minnesota Multiphasic Personality Inventory*, o MMPI). Creado para diagnosticar psicopatologías, el MMPI se usó también para hacer evaluaciones durante la contratación laboral hasta que la EEOC (Comisión de Igualdad de Oportunidades en el Empleo) detuvo su uso por violar las normas de no discriminación de Estados Unidos.

En 1943 surgió el *Myers-Briggs Type Inventory* (Indicador Myers-Briggs, MBTI), una evaluación que procuraba medir el desarrollo ejecutivo, entre otras habilidades, y que se inspiró en el trabajo del reconocido psiquiatra suizo Carl Jung.

El Indicador Myers-Briggs es una de las pruebas de personalidad más utilizadas del mundo y es, también, una de las más desacreditadas.

La prueba clasifica a las personas dentro de uno de los 16 tipos de personalidad que resultan de combinar cuatro letras; cada letra representa uno de los siguientes rubros: Sensación (S) o Intuición (N), Extraversión (E) o Introversión (I), Pensamiento (T) o Sentimiento (F) y Evaluación (J) o Percepción (P). El sitio web de la compañía se jacta de que la evaluación tiene una precisión del 90% y una correlación promedio

entre prueba y prueba del 90%, "lo que la convierte en una de las evaluaciones de la personalidad más confiables y precisas disponibles".
Muchos investigadores, sin embargo, han cuestionado los fundamentos científicos del MBTI[4].

Las insuficiencias del MBTI se pueden deber, en parte, a que ninguna de las dos creadoras de la prueba –Katherine Cook Briggs y su hija Isabel Briggs Myers– eran psicólogas de formación. Katherine Briggs se interesó en el libro *Tipos psicológicos* de Carl Jung y comenzó a contactar a todos los especialistas que conocía, de acuerdo con Merve Emre, profesora de la Universidad de Oxford y autora de un libro sobre la Prueba Myers-Briggs. En 1943, en medio del auge laboral de la Segunda Guerra Mundial, la hija de Briggs se inspiró en el sistema ideado por su madre y diseñó un cuestionario que buscaba determinar qué rol le resultaba mejor a un trabajador en función de su personalidad.

En 1964, Estados Unidos aprobó una ley de derechos civiles que prohibía la discriminación en el trabajo por motivos de raza, color de piel, religión, país de origen o sexo. Durante generaciones, la discriminación fue responsable de despidos injustificados y falta de oportunidades laborales. La discriminación negaba capacitación, ascensos y oportunidades. Con la aprobación de esta nueva ley, los

---

[4] En el estudio "Reinterpreting the Myers-Briggs Type Indicator from the perspective of the five-factor model of personality" de 1989, los investigadores McCrae RR y Costa PT Jr. llegaron a la conclusión de que la teoría de Jung fue usada incorrectamente en las mediciones de preferencias dicotómicas del MBTI, de acuerdo a evaluaciones de la teoría junguiana y el modelo de personalidad de cinco factores calculado por sus propios reportes y evaluaciones de pares en el NEO Personality Inventory.

contratantes debían asegurarse de que sus evaluaciones no fueran discriminatorias.

En 1975, Consulting Psychological Press, ahora conocida como the Myers-Briggs Company, comercializó por primera vez su prueba de personalidad. En el presente, aproximadamente 1.5 millones de personas realizan la prueba en línea cada año y 88 de las compañías Fortune 100 son clientes de Myers-Briggs.

Sin embargo, investigaciones han señalado que más del 50% de las personas que completan la prueba Myers-Briggs obtienen una puntuación diferente al volver a tomar la prueba cinco semanas después[5]. Otros estudios también han mostrado que la prueba no es efectiva para predecir el éxito de las personas en sus puestos de trabajo.

Los Lineamientos Uniformes para los Procedimientos de Selección de Empleados (*Uniform Guidelines on Employee Selection Procedures*), aprobados en 1978, mencionan que ciertas pruebas pueden propiciar la discriminación intencional o discriminación de impacto dispar[6]. El caso Griggs v.

---

[5] Pittenger, David. "Measuring the MBTI ... and coming up short." *Journal of Career Planning and Employment.* (1993). http://www.indiana.edu/~jobtalk/HRMWebsite/hrm/articles/develop/mbti.pdf

[6] Cualquier persona que utilice las pruebas de personalidad como parte de su proceso de selección de personal debe asegurarse de que éstas realmente midan lo que se supone que miden (validez) y puedan hacerlo una y otra vez (fiabilidad). Si una prueba o evaluación no cumple con alguno de estos puntos, entonces incumple el estándar legal de la EEOC. La regla del 80% también exige que un empleador mida la tasa de selección de candidatos. Si las tasas de selección de aquellos trabajadores propensos a la discriminación (por ejemplo, mujeres o minorías) no son iguales o

Duke Power Co., que se dirimió en la Suprema Corte, estableció el concepto de *impacto dispar* y determinó la llamada "regla del 80%" para determinar la confiabilidad y validez de una prueba. Durante la siguiente década, la industria de las pruebas tuvo que adaptarse a estas reglas, y el uso de las evaluaciones disminuyó.

En junio de 2015, el uso de la tecnología para evaluar al recurso humano era noticia en los principales medios. La portada de la revista *Time* preguntaba: *How High Is Your XQ?* (¿Qué tan alto es tu cociente de personalidad?), y una nota en la primera plana del *New York Times* hacía una pregunta controversial: "¿puede un algoritmo contratar mejor que un humano?"

Ambas noticias aludían al creciente número de compañías que prometen ayudar a las empresas a contratar de manera más eficaz mediante una combinación de evaluaciones de personal, datos y tecnología. Estas soluciones presentan puntos a favor y en contra.

A favor: los algoritmos permiten evaluar a potenciales candidatos de forma más rápida y eficiente; además, permiten procesar un número mucho mayor de candidatos y evitan que dos o tres personas de recursos humanos pierdan días revisando *curriculums vitaes*.

En contra: los humanos que crearon el algoritmo podrían haberle transmitido sus sesgos. Asimismo, los buscadores algorítmicos son tecnologías

---

superiores al 80% de la tasa correspondiente a los grupos con mejor desempeño en la prueba, entonces la prueba está produciendo un impacto dispar y debe considerarse defectuosa. Los empleadores deben tener cuidado de no violar estos puntos, y de siempre utilizar pruebas que permitan la verificación estadística de sus resultados.

hiper-enfocadas: harán *exactamente* lo que están programados para hacer *y nada más*. No son capaces de matizar o equilibrar la información del modo en que lo harían los humanos: si le dices al algoritmo que quieres *X*, se enfocarán exclusivamente en *X*. Si también te interesa *Y* pero olvidas incorporarlo al algoritmo, no hallarás *Y*.

Esta precisión es muy útil, pero puede ser peligrosa: funciona tan bien que es fácil usarla mal. Otra desventaja de estas herramientas es que no ofrecen explicaciones acerca de sus procesos de toma de decisiones.

Por eso es importante que los departamentos de recursos humanos validen siempre las herramientas que se usan para elegir al capital humano. Muy pocas de estas pruebas o algoritmos funcionan de manera inequívoca.

Incluso una métrica tan omnipresente como el GPA (la sigla proviene de *grade point average* y se refiere a la calificación promedio de un estudiante) debe ser puesta a prueba en diferentes contextos.

Hace tiempo, en una conferencia de recursos humanos, participé en una discusión acerca de la utilidad del GPA para predecir el desempeño laboral. Un representante de Google tomó la palabra y dijo que su empresa ya había hecho los cálculos y determinado que el GPA no servía para predecir el desempeño laboral. En otras palabras: tener buenas calificaciones no significa que harás bien tu trabajo.

Acto seguido, alguien de la consultora Goldman Sachs tomó el micrófono y dijo que su empresa había realizado el mismo cálculo y concluido que el GPA sí funciona para predecir el desempeño dentro de su empresa.

Las mismas métricas en ambientes diferentes tienen valideces distintas. Cuando estamos ante mediciones que intentan explicar o predecir el desempeño de un individuo, siempre es mejor mostrar un poco de escepticismo y optar por supervisar, con ojos humanos, todos aquellos algoritmos relacionados con el factor humano.

El mejor consejo que puedo ofrecer en lo referente al uso de algoritmos y tests en áreas como recursos humanos y educación es: utiliza la mayor diversidad de herramientas posible. Aprovecha las nuevas tecnologías, incorpora los más novedosos tests, pero no inviertas demasiado en un examen o algoritmo hasta que lo hayas puesto a prueba. La evaluación de competencias exige que tomemos en cuenta la mayor cantidad de señales y cualidades posibles.

Ahora bien, ¿cómo determinar el nivel de tus habilidades de aquí al futuro? Investigaciones han demostrado que el humano promedio tiene unas 700 habilidades distintas. El reto consiste en identificar el grado de desarrollo de cada habilidad. En internet puedes encontrar decenas de tests que te ayudarán a evaluarte. A continuación comparto algunas herramientas gratuitas que he usado con cientos de individuos y organizaciones, y que puedo recomendar desde mi experiencia:

- Mind Tools

Aunque la herramienta solo está disponible en inglés, *Mind Tools* tiene una ventaja: la prueba consiste en un cuestionario que se responde en cinco minutos, y eso es suficiente para evaluar tus aptitudes en cinco áreas: dominio personal, gestión del tiempo, comunicación, resolución de problemas y liderazgo. Junto con una breve descripción de cada área, el cuestionario ofrece sugerencias y herramientas útiles para mejorar en cada una.

- <u>Prueba de Aptitud de Fortalezas y Debilidades de Richard Step</u>

Esta prueba, disponible en español, consta de 84 afirmaciones que se contestan en una escala de "totalmente en desacuerdo" a "totalmente de acuerdo". Aunque responder este cuestionario toma el doble de tiempo que el de Mind Tools, la evaluación es mucho más profunda, pues se enfoca en 21 áreas, que incluyen ingenio y el trabajo en equipo. La prueba ofrece una descripción de las cinco fortalezas principales y la mayor debilidad del usuario, así como consejos para hacerles frente.

- <u>Skill Matcher</u>

Esta herramienta, elaborada por el gobierno de Nueva Zelanda, no es tanto un cuestionario como un perfil de habilidades. Se trata de un ejercicio útil si estás buscando cambiar de carrera y no estás seguro de qué campos empatan con tus talentos actuales.

Quienes estén familiarizados con la teoría del sesgo cognitivo o quienes hayan leído *Sobrevivir al fracaso*, mi libro anterior, sabrán que me esfuerzo por evitar el sesgo confirmatorio, es decir, aquella tendencia a forzar la realidad a que encaje con nuestras ideas preconcebidas. El sesgo cognitivo sucede cuando recordamos información de forma selectiva. Un ejemplo cotidiano de ello es cuando, al recordar una época particular de nuestra vida, rememoramos solo lo bueno (o lo malo).

El sesgo confirmatorio es uno de los más peligrosos al momento de realizar una autoevaluación de nuestras habilidades para el futuro: nos puede llevar a pensar que tenemos habilidades que en realidad no poseemos. O a creer que no necesitamos adquirir nuevas habilidades para hacer frente al futuro.

Este tipo de sesgo nos lleva, como el concepto lo indica, a *sesgar* nuestra memoria y percepción para que encajen con las ideas que ya tenemos. Por ejemplo, si pienso que alguien de mi equipo es torpe, mi tendencia será a recordar aquellos hechos que confirman mi juicio. Para evitar este sesgo, los psicólogos recomiendan el siguiente ejercicio: si piensas que alguien es torpe, busca las evidencias que confirman tu postura, pero también aquellas que la desmientan. Trata de encontrar pruebas que demuestren habilidad, inteligencia y aptitud por parte de la persona en cuestión.

Señales de alerta

Para tener una perspectiva más objetiva de nuestras habilidades y definir con qué tanta urgencia debemos mejorarlas, propongo prestar atención a las siguientes señales de alerta:

1. Has visto a los demás avanzar profesionalmente mientras que tú te estancas

Es posible que necesites capacitación adicional para escalar al siguiente peldaño. Por ejemplo: para ascender a un puesto de diseñador de productos digitales, es posible que un diseñador deba primero capacitarse en temas como la investigación de usuarios y el pensamiento estratégico.

Si ya tienes claro a dónde quieres llegar, puedes perseguir un enfoque de ingeniería inversa: identifica los requisitos del trabajo que deseas, las habilidades de las que careces, y adopta una actitud disciplinada para aprenderlas.

2. No encuentras vacantes atractivas en el mercado laboral

Si llevas horas buscando puestos de trabajo que encajen con tus habilidades e intereses y no encuentras nada, es probable que haya llegado el momento de actualizar tus conocimientos. Los nuevos puestos laborales suelen requerir habilidades que quizá no estudiaste en la universidad. Un informe publicado por el Institute for the Future asegura que el 85% de los empleos que existirán en el año 2030 aún no han sido inventados.

Para mantenerte al día, desarrolla habilidades que te interesen personalmente y que se alineen con lo que buscan los empleadores y consumidores. Como dice un proverbio chino: "El mejor momento para plantar un árbol fue hace 20 años; el segundo mejor momento es ahora".

3. Constantemente pides ayuda para usar nuevas tecnologías

Recuerdo cuando era niña y descubrí que mi abuela no sabía usar el aparato que reproducía videos en formato VHS. No podía creer que una mujer tan sabia no pudiera usar una máquina tan simple. Desde aquel momento decidí que no permitiría que eso me sucediera a mí.

Con el tiempo, inevitablemente, me convertí en adulto y entendí mejor a mi abuela. Ahora sé que no es la única: de acuerdo con un informe reciente de Deloitte, solo el 16% de los ejecutivos considera que sus equipos cuentan con las capacidades necesarias para cumplir con la estrategia digital de la empresa.

Es un hecho: las competencias digitales del presente van más allá de aprender a navegar por Google Docs o a compartir archivos en Dropbox. Es una forma integral de trabajo que abarca comunicación, colaboración, desarrollo de productos, gestión de proyectos, seguridad en línea y más.

Si constantemente te descubres pidiendo ayuda para usar tecnologías que los demás sí saben usar, ha llegado el momento de que dediques un tiempo a actualizar tus competencias digitales.

4. No crees que necesites mejorar tus habilidades en este momento

Si te sientes seguro en tu puesto actual y crees que tus habilidades encajan con la demanda del mercado, ¡felicidades! Eso quiere decir que estás en el momento ideal para aprender.

El aprendizaje de habilidades nos remite a ese debate de lo importante *versus* lo urgente. Es mejor aprender habilidades cuando resulta *importante* y *estratégico*, que cuando resulta *urgente*.

El aprendizaje es una habilidad que exige práctica. Como los músculos, la capacidad de aprendizaje se tiene que ejercitar. Si la ejercitas, se fortalece. Si no lo haces, se atrofia, y volver a fortalecerla resulta más difícil conforme pasan los años.

Parte IV.
Estrategias para prepararse para el nuevo mundo laboral

¿Por qué no nos adaptamos al cambio?

Los cambios que traerá consigo la pandemia provocada por COVID-19, así como las tecnologías de la 4RI no se detendrán y lo que hemos visto hasta ahora es apenas el comienzo. Nuevas empresas surgirán y las que no se adapten al cambio desaparecerán. El economista checo Joseph Schumpeter se refiere a este proceso de empresas que nacen y mueren como *destrucción creativa*, y lo describe como el mecanismo por el cual los mercados se mantienen livianos al eliminar los elementos innecesarios.

Schumpeter propone que, para no morir, las empresas deben crear y destruir simultáneamente a la escala y ritmo del mercado. Destruir es tan esencial como innovar, pero es más complicado porque obliga a superar una tendencia natural: la de querer tener éxito en todo.

En otras palabras: para no ser víctima de la destrucción creativa del mercado, hay que practicar la destrucción creativa al interior de la empresa. Hacerlo no es fácil, y hay varios factores que impiden a las organizaciones y a las personas adaptarse al cambio. Yo los llamo *trabas de la adaptación al cambio* o TACs. Éstas son algunas:

Negación

La negación es una forma de no hacerle frente a los conflictos o realidades complejas. Dado que parte de ignorar o desacreditar problemas verdaderos, la negación es una manera de distorsionar lo real. Psicológicamente, la negación nos   protege temporalmente del mundo que nos rodea y logra, en principio, que aquello que nos incomoda sea más fácil de llevar.

Quienes usan este mecanismo de defensa experimentan cierto alivio emocional la primera vez que niegan una situación amenazante, pero este alivio se paga más adelante pues, en tanto que simplemente han sido *negadas*, las vulnerabilidades tampoco se subsanan ni se reparan.

Síndrome del encumbrado: cegados por el éxito

Cuando una empresa domina el mercado, a veces es difícil que sus líderes imaginen un futuro diferente. Un ejemplo famoso es Kodak, que se declaró en bancarrota en 2012 tras más de un siglo de ser una empresa líder.

A finales del siglo pasado, Kodak era el mayor fabricante de película fotográfica en el mundo y llegó a controlar más del 70% de ese mercado. Sin embargo, la empresa no se adaptó a las nuevas tecnologías: en los dosmiles, con el auge de la fotografía digital, la compañía se rezagó.

Esto no se debió a falta de capacidad innovadora –Kodak había inventado un prototipo de la cámara digital desde 1975– sino a una falta de visión: como las cámaras digitales competían con la película fotográfica, producto estrella de Kodak, los altos ejecutivos de la empresa se resistieron a estas innovaciones. Su éxito en el pasado los convenció de que nadie podría arrebatarles su futuro. Y se equivocaron.

Resistencia al cambio

La resistencia al cambio, vista desde cierto ángulo, puede ser positiva, pues ayuda a evitar el caos al interior de una organización, e incluso puede alentar un debate constructivo. Por ejemplo, si una empresa decide lanzar una nueva línea de productos y algunos integrantes se resisten a iniciar el proceso de producción o de venta, esto puede favorecer un debate constructivo que conduzca a mejores decisiones. Sin embargo, resistirse al cambio sí tiene una gran desventaja: obstaculiza la adaptación y el progreso.

Según Kurt Lewin, pionero en la teoría del cambio y uno de los padres de la psicología moderna, existen tres causas para la resistencia al cambio:

1. La cultura organizacional, que puede influir en la conducta de los trabajadores cuando se sienten amenazados ante cambios radicales.
2. El interés propio, como la costumbre o la motivación.
3. La forma en que se perciben las metas y estrategias de la organización: es decir, a veces los empleados no entienden por qué se necesita un cambio o establecer metas nuevas, y tienen la impresión de que un poder superior los maneja a su voluntad, sin tener en cuenta los esfuerzos que hicieron por adaptarse a sistemas anteriores, ni sus sugerencias ante el nuevo escenario que enfrentan.

El reto es identificar si en la organización se manifiesta cierta resistencia al cambio. Algunas formas en las que ésta se hace visible son:

- **Crítica por reflejo**: sugerir un cambio basta para desatar resistencia, sin importar la propuesta.
- **Hipocresía**: el cambio parece aceptarse, pero por dentro el empleado está en desacuerdo.
- **Sabotaje**: se toman acciones para inhibir o impedir por completo el cambio.
- **Conciliación ilusoria:** se llega a un acuerdo sobre cómo implementar el cambio sin mucha resistencia de por medio; sin embargo, no hay compromiso por parte del equipo.
- **Desviación o distracción**: se evade el cambio pues se piensa que de esa forma será olvidado.

Mentalidad estática, o "fixed mindset"

Carol Dweck, psicóloga de la Universidad de Stanford, investigó durante décadas los factores por los cuales personas con el mismo nivel de inteligencia logran diferentes niveles de éxito. Dweck llegó a la conclusión de que el factor que más influye es nuestra disposición a observar nuestras capacidades como una serie de atributos mentales estáticos (*fixed mindset*) o, por el contrario, pensar que nuestras capacidades siempre pueden mejorar (*growth mindset*).

Las personas que tienen una mentalidad estática creen que la inteligencia y las habilidades son talentos que vienen desde el nacimiento y no se pueden desarrollar. Es decir: eres bueno en algo y punto. Solo les interesa el resultado final y saber si lo hicieron bien o mal. Son personas que evitan los retos, que se dan por vencidas con facilidad y que ven el esfuerzo como algo que no merece la pena. A estas personas les molestan las críticas y no aprenden de ellas.

Para alguien con una mentalidad estática, adaptarse al cambio es prácticamente impensable.

Costos hundidos

Los costos hundidos son aquellos en los que ya se ha incurrido y no se podrán recuperar en el futuro. Incluyen el tiempo, el dinero u otros recursos que se gastaron en un proyecto, inversión u otra actividad, y que son irrecuperables.

Por ejemplo, imagina que una empresa busca lanzar un nuevo producto. Como parte de sus preparativos, invierte 12 mil dólares en un estudio de mercado. También contrata a un diseñador para que desarrolle un modelo a escala del producto (a un costo de 8 mil dólares). Estos dos procesos toman seis meses, y contemplan muchos esfuerzos y planeación.

Una vez terminado el estudio de mercado y el modelo, la empresa no está convencida de que el producto vaya a ser exitoso. ¿Qué decisión debe tomar? ¿Cómo influyen los costos hundidos en esa decisión?

Lo primero que hay que reconocer es que los gastos (20 mil dólares) son costos hundidos, no se recuperarán y por tanto no deben influir en la decisión que se tome acerca del producto. Aunque exista presión por recuperar el dinero gastado, ésta no debe determinar la decisión de lanzar o no el producto al mercado.

Muchas personas caen en este error: al querer recuperar los costos hundidos, siguen invirtiendo en proyectos que no son rentables. Cuantos más recursos inviertas en un proyecto (un negocio, una relación, una carrera universitaria…), más te encadenas a él emocionalmente y más te cuesta abandonarlo.

Rentabilidad

Cuando una empresa es muy rentable, los líderes tienen poco incentivo para pensar en aquellos cambios que afectarán a la empresa en el futuro. Pero los momentos de estabilidad son idóneos para identificar potenciales escenarios e implementar estrategias a futuro. Si esperamos demasiado tiempo, puede que las cosas comiencen a ir a mal. Una vez que eso suceda, tal vez ya sea demasiado tarde.

Cómo enfrentar las trabas de la adaptación al cambio (TACs)

Para que tu organización abrace el cambio, es necesario evitar las TACs antes de que sea muy tarde. Estas técnicas pueden ayudarte a hacerlo:

1. Imagina el peor escenario posible

Ahora que hemos visto que cualquiera puede ser víctima de la negación u otras TACs, también queda claro que vislumbrar un escenario negativo requiere de cierta imaginación. Unas sesiones de lluvias de ideas para identificar escenarios pesimistas con los integrantes del equipo, proveedores, clientes, personas de otras industrias y hasta aficionados a la ciencia ficción puede ayudar a imaginar futuros negros pero verosímiles. Si se sienten cortos de imaginación para el ejercicio, no duden en buscar inspiración en series de

TV como *Black Mirror* o en libros de autores como Margaret Atwood y William Gibson.

2. Sé audaz

Los tiempos actuales, de grandes cambios, exigen visiones audaces y decisiones de impacto. Ser audaz, en parte, significa preguntarse, "¿qué tengo que perder?" o "¿qué es lo peor que podría pasar?" antes de tomar una decisión. En muchas ocasiones te darás cuenta de que no tienes tanto que perder. Parte de ser audaz es estar abierto a las posibilidades y decir "sí", pero no a todo. Hay una diferencia entre decir "sí" a todo y ser audaz es decir "sí" a algo que te asusta, a algo que sabes que sería un riesgo.

Cuando mantienes la mente abierta, te permiten visualizar lo que podría suceder. Eso es increíblemente poderoso.

Ser audaz apoya el desarrollo de una mentalidad de abundancia. Si se te escapa una oportunidad, tener una mentalidad de abundancia te ayudará a recuperarte rápidamente. Sabes que hay más por venir.

Pon manos a la obra hoy mismo. Te desafío a que hagas una cosa que esté fuera de tu zona de confort solo para ver qué sucede.

3. Desarrolla una estrategia para la supervivencia e impleméntala

Hay que poner énfasis en la implementación. Si la estrategia se queda en papel, no servirá de mucho.

Cuanto más rápido puedas implementar tu estrategia, más rápido aprenderás y podrás ajustarla. Tu estrategia no tiene por qué ser perfecta. De hecho, el perfeccionismo es lo que impide que la mayoría de las personas actúen. Cuando alguien tiene una idea, a menudo quiere asegurarse de que todo sea perfecto e ideal antes de actuar sobre esta idea. Sin embargo, las cosas perfectas no existen, todo es perfectible.

Uno de los elementos críticos para implementar con éxito es el entorno. La estrategia para la supervivencia no sucede en el vacío: su éxito se ve afectado por el contexto de todos los demás cambios. Así que mira a tu estrategia como un prototipo: crea una primera versión y pon manos a la obra.

4. Educación y comunicación

En momentos de cambio, la desinformación y la mala comunicación pueden incrementar la incertidumbre. Antes de anunciar un cambio, es importante que tú y tu equipo discutan cómo los avances tecnológicos pueden impactar en la vida de cada integrante (y en el futuro de la empresa).

Es recomendable compartir informes o invitar a un experto conversar con el equipo. También podrían planear una visita a una empresa que haya aprovechado el cambio para reinventarse. Desde luego, esto será muy útil si tu equipo se está mostrando resistente al cambio por falta de una comunicación adecuada. Siempre es importante que las relaciones entre los integrantes del equipo –especialmente directivos y el equipo operativo– sean de confianza mutua y credibilidad.

5. Desarrolla una mentalidad *gig*

La habilidad VUCA que denomino "mentalidad *gig*" consiste en llevar los principios de la *gig economy* a nuestra forma de pensar.

El trabajo *gig* engloba empleos temporales o freelance desempeñados por contratistas independientes o autónomos, que no suelen tener sueldo fijo ni prestaciones. Por lo tanto, el término *gig economy* alude al creciente número de empresas que operan con trabajadores a corto plazo que se dedican a tareas flexibles. La *gig economy* ha aumentado, en parte, gracias a la expansión del internet y del trabajo remoto, y en parte debido a la naturaleza de nuevas aplicaciones como Uber y Airbnb, que ofrecen servicios de corto plazo que requieren de trabajadores en posiciones temporales.

Dado que muchos han criticado a las empresas de la *gig economy* por pagar bajos salarios y favorecer la explotación, vale la pena aclarar que lo más valioso de la *gig economy* no son sus modelos salariales, sino la mentalidad dinámica que favorecen, incluyendo la flexibilidad geográfica y el trabajo por tareas.

En todo el mundo, una serie de fuerzas económicas favorecen cada vez más el empleo a corto plazo. Por un lado, en esta era digital, los trabajadores son cada vez más móviles: tal y como la cuarentena provocada por el coronavirus dejó de relieve, en muchas ocasiones el trabajo se puede hacer desde cualquier lugar; por esta razón, hay una disociación entre ubicación y trabajo. Esto significa que los trabajadores independientes pueden optar por trabajos temporales y proyectos en todo el mundo, mientras que los empleadores pueden seleccionar a los mejores candidatos para proyectos específicos entre grupos cada vez más amplios de trabajadores.

El reporte Shaping the Future of Work, investigación que lideré, nos muestra que 44% de los jóvenes del mundo considera que en el futuro habrá más emprendimiento y trabajo freelance, y que la economía *gig* crecerá. Y tienen toda la razón. Según el Gig Economy Data Hub (un proyecto conjunto del Institute of Labor Relations de la Universidad de Cornell y el Aspen Institute), más de una cuarta parte de los empleos son parte de la economía *gig*.

Un informe de los economistas de Harvard y Princeton, Lawrence Katz y Alan Krueger, destaca que el 94% del crecimiento neto del empleo en la economía de Estados Unidos entre 2005 y 2015 ocurrió en la economía freelance.

El futuro del trabajo es *gig*, y eso impacta a casi todos los procesos de recursos humanos. Por ejemplo, implica repensar cuál es la mejor forma de evaluar al talento freelance, cómo medir la productividad y el compromiso, y cómo debería ser el sistema de aprendizaje para los empleados temporales. Incluso, se vuelve necesario crear una estrategia específica para reclutar talento y detectar a los empleados *gig* que tienen mayor potencial.

Actualmente es común que una persona cambie varias veces de trabajo a lo largo de su vida laboral; la *gig economy* se puede ver como un paso más en la evolución de esa tendencia.

En una economía dinámica o *gig*, las empresas ahorran en ciertos gastos como renta de oficina, capacitaciones y en el pago de prestaciones. También tienen la flexibilidad de contratar expertos por proyecto (aun si contratarlos a largo plazo sería inviable). Vista desde la perspectiva de un profesionista independiente, la economía *gig* puede favorecer el equilibrio entre vida laboral y personal. La economía *gig* es parte de un entorno cultural y empresarial cambiante que incluye modelos como la economía colaborativa y la economía de trueque.

Un informe reciente de la consultora McKinsey encontró que las industrias del conocimiento y las ocupaciones creativas son los segmentos más grandes y de más rápido crecimiento en la economía *gig*.

Para promover una mentalidad *gig* hay que aprender a trabajar por objetivos. Es decir: mientras se cumplan los objetivos de trabajo, no importan el número de horas trabajadas ni el lugar desde donde se trabajó. Para lograr los objetivos, sin embargo, es importante que todos los integrantes del equipo tengan claro en qué consisten los objetivos y desarrollen una rutina para alcanzarlos.

Hay ciertas rutinas que mejoran el flujo de trabajo de las personas: mantener un cronograma, tener una lista de tareas pendientes, comenzar el día con el trabajo más desafiante. Otras rutinas, generalmente relacionadas con el sueño, la meditación, la nutrición o el ejercicio, incorporan el cuidado personal en la vida laboral. Ambos tipos de rutina suelen tener un componente ritual que mejora el sentido de orden y control en circunstancias inciertas.

6. Recuerda que el cambio es lo único constante

Estar atento a las oportunidades y riesgos del entorno no es algo que debamos hacer una sola vez en la vida: debe ser parte de nuestra rutina. Aunque el cambio organizacional es difícil, hacer que tu organización sobreviva a la 4RI (y aproveche sus oportunidades) implica transformar el modo de entender tu empresa, su estructura organizacional y hasta la forma en que practican el aprendizaje continuo. Tu equipo tiene que capacitarse de forma constante para adoptar una nueva forma de pensar, emprender nuevos procesos y hacer cosas diferentes a las que se hicieron en el pasado.

Integrar diversas rutas de educación continua al plan de desarrollo de tu equipo es una de las mejores formas de mantenerlo estimulado y comprometido, lo que aumenta la retención.

Tu equipo debe tener claro que la oportunidad de aprender nuevas habilidades es una recompensa que se obtiene al demostrar curiosidad y un interés genuino por adquirir nuevos conocimientos. Obtendrás más por tu dinero si te enfocas en construir un equipo de personas con alta capacidad de aprendizaje.

Es recomendable recompensar a aquellos colaboradores que promueven el aprendizaje dentro de la organización (por ejemplo, que invitan a oradores externos, organizan mesas redondas, publican un blog afín a su ramo de trabajo, o comparten información interesante en las redes sociales). Los mejores empleados se caracterizan por su deseo de ampliar su experiencia, y es tu responsabilidad brindarles oportunidades para desafiarse a sí mismos. Si has logrado formar un equipo con sed de aprendizaje y crecimiento, bien. Pero el trabajo no se detiene allí. Para sobrevivir en un mundo VUCA, las empresas necesitarán alimentar esos anhelos de aprendizaje y mantener el círculo virtuoso en marcha.

Cómo prepararte para el cambio

La tecnología –y la disrupción que conlleva– no son fuerzas exógenas que los humanos no podamos controlar. En las decisiones que tomamos a diario como ciudadanos, consumidores e inversionistas, todos somos responsables de encaminar la evolución de la tecnología. Por lo tanto, debemos aprovechar nuestro poder para darle forma y dirigirla hacia un futuro que refleje nuestros objetivos y valores comunes.

Para lograrlo debemos desarrollar una visión integral, compartida a escala global, que entienda cómo la tecnología afecta nuestras vidas y reconfigura nuestros entornos económicos, sociales y culturales. Nunca ha habido un momento más prometedor –ni más peligroso– que el presente.

Sin embargo, dado que muchas personas están confinadas en un pensamiento lineal tradicional –o están muy absorbidas por las crisis del día a día que exigen su atención–, no están considerando estratégicamente aquellas fuerzas disruptivas y de la innovación que definirán nuestro futuro.

En su versión más pesimista, la tecnología tiene el potencial de *robotizar* a la humanidad. Pero si la entendemos como una herramienta que puede complementar las mejores partes de la naturaleza humana –como la creatividad y la empatía– la tecnología tiene el potencial de elevar a la humanidad y permitirle construir una conciencia y moral colectiva en pos de un destino común.

Las tecnologías exponenciales ofrecen a las empresas, gobiernos e instituciones la capacidad, a escala nunca vista, de comprender a las personas y personalizar los servicios que brindan. ¿Cómo deberían las organizaciones aprovechar la tecnología para acercarse a sus clientes y construir una relación más profunda y valiosa con ellos?

La cantidad inconmensurable de datos que las empresas pueden recopilar sobre sus clientes ofrece oportunidades increíbles para satisfacer sus necesidades más remotas y crear nuevos modelos de negocios. Así, las organizaciones del presente están en la posición de abordar algunos de los desafíos sociales más urgentes. Pero los grandes poderes conllevan grandes responsabilidades.

Parte del desafío está en hallar la forma en que las tecnologías emergentes sean empoderadoras y no deterministas. No queremos que la tecnología elimine las libertades de las personas: queremos que les brinden más opciones y más autonomía, queremos que ayude a aumentar la capacidad humana. Las empresas tienen una responsabilidad mucho mayor que nunca, y deben tomarla en serio si quieren que sus negocios prosperen en el largo plazo.

Los líderes de los negocios que sobrevivan la 4RI deben desarrollar 5 acciones fundamentales:

1. Pensar a largo plazo

A veces tendemos a soñar muy en grande… o muy en chico. Por lo general establecemos planes de trabajo de seis meses y nos olvidamos del largo plazo.

Esto es particularmente importante ante la crisis sanitaria, económica y social provocada por el coronavirus, pues la incertidumbre provoca que pensar a largo plazo sea aún más difícil. Más bien, tenemos que planear diferentes escenarios futuros, evaluarlos y corregirlos constantemente.

Es importante recordar que nuestro mejor aliado para pensar a largo plazo es la junta directiva o consejo de la empresa. De hecho, lo ideal sería que en las reuniones del consejo se estableciera una visión a tres y cinco años, para que de esa forma el CEO y el equipo directivo se enfoquen en la visión a un año y el equipo operativo pueda centrarse en las tareas a corto plazo.

Para acostumbrarse a pensar a largo plazo, puedes hacerte las siguientes preguntas:

- ¿Dónde quiero estar en cinco años? Sé lo más claro posible, usa cifras. Si no es posible establecerlo con cifras, describe tu visión a futuro con tanto detalle como sea posible. Si eso es lo que quieres lograr en cinco años, ¿qué tienes que haber logrado en cuatro años, en tres años, en dos años, un año, seis meses, tres meses y hoy? Al responder estas preguntas tal vez descubras que, si deseas lograr tu objetivo a un año, tus objetivos para los próximos tres meses tienen que ser más ambiciosos aún. Quizás tienes que avanzar más rápido. Quizás necesites hacer una contratación importante. Quizás necesitas conseguir una inversión o crédito para tu negocio.
- ¿Cuál es mi producto? ¿Cómo evoluciona?
- ¿A qué segmento demográfico pertenecen mis clientes? ¿Cómo está cambiando?
- ¿Quiénes son mis competidores? ¿Cómo evoluciona la competencia?
- ¿Quiénes son mis asesores actuales? ¿Son ellos los asesores que necesito/quiero? ¿Cómo evolucionan las necesidades de asesoría?
- ¿Quiénes son los colaboradores críticos para impulsar nuestros ingresos y aumentar la cartera de clientes? ¿Cómo evolucionan y crecen mis necesidades de contratación?
- ¿Cómo está cambiando el panorama general de mi organización? ¿Cómo están cambiando nuestras necesidades de financiación? ¿Cuánto dinero hay en el banco hoy, y cuánto habrá dentro de un año? ¿Y dentro de tres años?

- Suponiendo que las cosas salen bien, ¿qué hitos necesito cumplir cada tres meses durante los próximos cinco años?
- ¿A qué le tengo miedo?

Para mí, este cuestionario ha sido fundamental en mi forma de operar. Así que sal de la rutina y no tengas miedo de pensar en grande.

2. *Abrazar la transformación tecnológica*

Las empresas que logren entender las oportunidades que la transformación digital producirá serán las que lideren los cambios. Las empresas que se familiaricen con las nuevas tecnologías estarán mejor preparadas para enfrentar el futuro. La colaboración continua y el intercambio de ideas son esenciales para garantizar que los impactos de la transformación digital se entiendan en todos los niveles de una organización. Sin importar en qué etapa de la transición se encuentren, los individuos siempre deben buscar ideas que les ayuden a comprender mejor la función de su empresa dentro de la industria en la que participan.

- ¿Qué estrategia tiene la organización para abrazar la transformación digital?
- ¿Qué tan preparada está la empresa para integrar tecnologías disruptivas a lo largo de los siguientes 3-5 años?
- ¿Qué medidas puede tomar la empresa para educarse mejor sobre las nuevas tecnologías?

3. Ser ágiles

A medida que las tecnologías irrumpan en el día a día de las empresas, éstas deben adoptar estructuras flexibles que permitan el aumento de una fuerza de trabajo digital cada vez más numerosa. Por "estructura" me refiero al organigrama empresarial: a la forma en la que están organizados los puestos laborales.

Una estructura ágil permite a las organizaciones capitalizar las habilidades y capacidades de sus empleados. También permite que los equipos evolucionen y crezcan fluidamente al incorporar nuevos esquemas de trabajo (por ejemplo, los contratistas independientes).

Es fundamental identificar las brechas y oportunidades que ocurren en tu organización para anticipar aquello que podría cambiar. Esto permite identificar soluciones tales como movilidad de empleados, adquisiciones y asociaciones.

Las prácticas de gestión del cambio preparan y apoyan a individuos y equipos, infunden confianza en el proceso y garantizan que las organizaciones tengan las habilidades adecuadas en el momento correcto y en los lugares correctos. Por ejemplo, identificar redes organizacionales informales puede ayudar a los líderes a crear estrategias efectivas para el cambio.

Es importante hacerse las siguientes preguntas:

- ¿La estructura actual de la organización permite fomentar y promover la innovación?
- ¿La estructura actual apoya la integración de la creatividad humana y la digitalización?
- En ocasiones anteriores, cuando la organización pasó por un periodo de cambio, ¿qué funcionó y qué no?, ¿qué podría replicarse y qué no?

4. Promover el aprendizaje continuo

Ya tenemos claro que el aprendizaje continuo es una de las "habilidades VUCA" que ayudarán a que tu negocio sobreviva. Es importante recordar que, como con cualquier cambio de cultura, el desarrollo de esta habilidad tiene que empezar arriba; es decir, con los líderes y directivos de la empresa.

La adquisición de nuevos conocimientos debe ser hábito de los fundadores y directivos. De hecho, los líderes de la organización deben enfocarse menos en las calificaciones académicas y habilidades duras que en el aprendizaje continuo. Si bien las primeras pueden ser importantes, lo que un empleado recién contratado aprendió durante la universidad no siempre lo prepara para el mercado de trabajo actual. Por eso es importante que integres personas a tu equipo que muestren una buena disposición para aprender nuevas habilidades.

Asociarse con plataformas de educación en línea ayuda a fomentar en los colaboradores el aprendizaje continuo y permite un acceso más rápido y en tiempo real al conocimiento y la información. La actualización constante de las habilidades hace que la organización sea más resiliente y ayuda a las personas a enfrentar eventuales cambios. Al promover estas oportunidades, los directivos, en colaboración con el departamento de recursos humanos, dan un voto de confianza a las nuevas habilidades y reconocen la importancia de entender cómo estas cambian.

- ¿Qué habilidades serán las más útiles para tu industria ahora y en el futuro?

- ¿Qué se ofrece actualmente en tu organización en materia de capacitación?
- ¿Qué alianzas se deben crear para garantizar oportunidades de aprendizaje continuo para todos los integrantes de la empresa?
- ¿La estrategia de gestión del talento está alineada con la estrategia empresarial en un sentido amplio?
- ¿Dedicas suficiente tiempo al desarrollo del talento y a planificar el relevo directivo?

5. Empoderar al equipo

Un equipo empoderado es aquel capaz de incidir en la toma de decisiones. Las organizaciones que fomentan un entorno de trabajo así tienen una ventaja competitiva.

Dentro de la organización, los directivos deben comunicar con claridad a sus empleados las maneras en que la tecnología afectará a la industria, y proporcionar oportunidades y políticas que alienten a los colaboradores a "apropiarse" de los procesos. También es importante favorecer la ideación para que los mismos piensen en las formas de adaptar o reemplazar los procesos de trabajo existentes en función de las nuevas capacidades tecnológicas.

Un equipo empoderado sabe que fallar es parte del proceso, y no tiene miedo de aceptar los errores cuando se cometen ni de compartir aprendizajes.

- ¿Qué necesitas para empoderar mejor al equipo?
- ¿Aprovechas la tecnología para liberar a los empleados de las tareas mundanas a fin de que puedan agregar más valor a la organización?
- ¿El equipo está dispuesto a experimentar y fracasar?

6. Inspirarse en otras industrias

Estudiar los casos de éxito en tu industria no es suficiente: sal de tu burbuja y explora casos de éxito en otras industrias.

Muchos avances tecnológicos se implementan primero en una industria, y de ahí permean al resto. Los informes, reportes y eventos donde se exponen las tendencias en otras industrias pueden ser una gran fuente de inspiración.

- ¿Puedes identificar prácticas de otras industrias que se adaptarían bien a la tuya?
- ¿De qué maneras crees que se podría promover la colaboración entre industrias?

Nuevas ideas de negocio en un mundo VUCA

Un mundo VUCA acelerado por la tecnología genera una cantidad enorme de nuevas oportunidades de negocio: la tecnología hace posible ofrecer productos y servicios que hasta hace poco eran impensables. Además, nuevas necesidades e industrias están surgiendo. Los siguientes consejos te pueden ayudar a buscar nuevas ideas de negocio:

Imagina el futuro

Elon Musk dice que imaginar los problemas que enfrentará la humanidad en el futuro es su forma predilecta de identificar oportunidades de negocio. Los problemas a corto plazo se solucionan en el corto plazo, así que Musk crea negocios pensando en el futuro: fundó PayPal, construyó cohetes, creó un automóvil eléctrico, diseñó un auto submarino e inventó un túnel que te transportará de San Francisco a Los Ángeles en treinta minutos.

Examina tus propias habilidades y conocimientos

¿Crees que tus campos de experiencia laboral puedan convertirse en la base de un negocio rentable? Pregúntate qué habilidades comercializables y experiencia tienes. Si la respuesta es sí, ¡adelante!

Amplía tu perspectiva

Si deseas encontrar nuevas ideas de negocios debes mirar el mundo con nuevos ojos y explorar temas inusuales. Oblígate a explorar conocimientos nuevos y desconocidos para ti a través de libros, documentales o eventos.

Mantente informado

Si eres de las personas que siguen las noticias porque creen que ahí pueden surgir ideas de negocio, estás en lo correcto: te sorprenderá la cantidad de ideas de negocio que se pueden extraer de los ciclos noticiosos. Mantenerte al día e informado te ayudará a identificar las tendencias del mercado, las nuevas modas y estar al tanto de cambios en otras áreas relevantes (por ejemplo, legales).

Identifica necesidades nuevas y no resueltas

Las mejores ideas de negocios son aquellas que buscan solucionar un problema, incluso uno personal. Funciona así: 1) Tienes un problema que muchos comparten, 2) Se te ocurre una solución y 3) La comercializas.

Paul Graham, cofundador de Y Combinator, dice: "Una idea de negocio no es algo que se *inventa*, sino algo que se *detecta*". La clave para generar ideas de negocios que nos permitan crear un nuevo producto o servicio es detectar una necesidad del mercado que no ha sido cubierta.

En 2004, por ejemplo, un estudiante de psicología de la Universidad de Harvard llamado Mark Zuckerberg reconoció que muchas personas sentían la necesidad de compartir información de distinto tipo a través de internet. Zuckerberg detectó que sus compañeros de universidad deseaban socializar a través de internet, y que los perfiles virtuales podían ser una forma de facilitarlo. En los siguientes meses, Zuckerberg desarrolló Facebook y, unos años después, se convirtió en uno de los multimillonarios más jóvenes del mundo.

En 2008, un par de jóvenes llamados Travis Kalanick y Garrett Camp tuvieron problemas para tomar un taxi en París. Decidieron que los usuarios deberían poder solicitar un transporte desde sus teléfonos personales. Como resultado de esta idea, fundaron Uber.

Mira a tu alrededor y pregúntate: "¿Cómo podría mejorar lo que veo?" Concéntrate en un mercado específico y haz una lluvia de ideas de servicios que podrían interesarle a ese grupo. Por ejemplo, hay millones de personas de edad avanzada que practican la jardinería. ¿Qué productos o servicios podrías crear que les permitan cultivar durante más años, y con mayor facilidad, sus jardines? Encontrar un nicho de mercado y explotarlo es uno de los mejores caminos para el éxito en los negocios.

Agrega valor a un producto existente

La diferencia entre la madera en bruto y la madera terminada es un buen ejemplo de cómo un proceso adicional puede aumentar el valor de un producto. Pero los procesos adicionales no son la única forma de agregar valor: también puedes agregar servicios o combinar un producto con otros. Por ejemplo, un pequeño agricultor que cosecha sus propias hortalizas podría ofrecer un servicio de verduras a domicilio.

También puedes generar ideas de negocios al observar los productos y servicios que utilizas y generar ideas sobre cómo mejorarlos.

Encuentra un problema que te interese resolver para ti mismo

Detén lo que estás haciendo y hazte las siguientes preguntas: En este momento, ¿cuál es la mayor frustración en mi vida? ¿Cómo podría solucionar ese problema?
Es posible que en la respuesta a esas preguntas descubras una idea de negocio.

Muchos padres primerizos crean empresas para resolver dificultades que no hubieran conocido de no haber tenido hijos. Lo mismo sucede cuando tienes un negocio y en el día a día descubres una necesidad no resuelta. Ten en cuenta que puedes iniciar una segunda empresa para resolver los problemas de tu primera empresa. ¡Esa segunda empresa puede incluso llegar a ser más grande que la primera! Así le ocurrió a Patrick Collison, quien tuvo la idea de fundar Stripe, empresa de pagos en línea, luego de una serie de malas experiencias con las soluciones de pago que usó en proyectos anteriores.

Identifica las causas del dolor ajeno

Identifica aquello que ocasiona que la gente pierda tiempo o dinero. Encuentra lo que hace sufrir a las personas. Luego comienza un proyecto para arreglarlo. Tienes mucho de dónde inspirarte: el hambre, la pobreza, las epidemias, el desempleo, la delincuencia, el tránsito vehicular, la contaminación y la corrupción. Acércate a las personas que trabajan para solucionar estos problemas desde hace muchos años.

Alquilar un departamento, hallar un lugar de estacionamiento, tramitar una visa, sacar una cita con el dentista. Usa la tecnología para repensar cómo se deben hacer esas actividades. ¿Cómo deberían hacer su trabajo los trabajadores de la construcción en tiempos de teléfonos inteligentes? ¿Cómo deberían operar los hospitales en la era digital?

Es mejor atacar un problema enorme que nadie ha podido solucionar que ofrecer una solución brillante que no resuelve ningún problema.

Lleva los suministros baratos hacia donde están los compradores con dinero

Compra barato y vende caro. Y no me refiero solo a productos: tengo un amigo que compra departamentos por debajo de su valor de mercado (por ejemplo, de clientes que sacaron un crédito hipotecario que no pudieron pagar) que luego pone a la venta o alquila. Siempre hay personas con ingresos disponibles y necesidades no satisfechas.

Copia y mejora

La mayoría de las ideas del mundo derivan de otra idea. Y más de una empresa exitosa comenzó copiando. Por ejemplo, en Estados Unidos todas las universidades comercializan mercancías con el logotipo de la universidad, lo que incluye sudaderas, camisetas y gorras. En Rusia, esto no era común hasta que un estudiante decidió hacerlo. Fundó una empresa que produce ropa con temática universitaria para todas las universidades de Rusia. Ahora puedes ver a los estudiantes con su ropa en los campus de todo el país.

Conoce otros mercados

A principios de los años ochenta, Howard Schultz trabajaba para una distribuidora de café llamada Starbucks. En ese entonces, Starbucks solo vendía café en grano y no ofrecía bebidas en sus tiendas. En un viaje a Milán, Italia, Schultz notó que había locales en cada esquina; ahí, personas de todas las edades se reunían para participar en uno de los rituales predilectos de la humanidad: tomar un café. A su regreso a Estados Unidos, Schultz intentó persuadir a los dueños de Starbucks de que ofrecieran bebidas en sus tiendas. Como no lo logró, dejó Starbucks y comenzó su propia cadena de cafeterías. Unos años más tarde compró Starbucks, la fusionó con la cadena de cafeterías que había fundado, y convirtió a Starbucks en un fenómeno mundial.

Las nuevas ideas exigen detonar la fuerza creativa, y ésta se nutre de lo novedoso y lo diverso. Para destapar la creatividad, recomiendo que aprendas más acerca de los negocios que han alcanzado el éxito y la popularidad en otras partes del mundo. Una gran idea te puede llegar mientras estás de vacaciones o en una exposición de arte experimental.

Algunas ideas de negocios no son idóneas para su consumo local, pero podrían ser muy atractivas en un mercado extranjero. Por ejemplo: si prestas atención a los ingredientes de la cocina asiática, descubrirás que muchos vienen de lugares remotos y son muy caros. Muchos emprendedores han hecho sus fortunas exportando productos locales a mercados internacionales dispuestos a pagar precios altos por ellos. Descubrir otras culturas e investigar otras oportunidades de mercado son excelentes formas de detonar ideas de negocios.

Presta atención a la innovación

Los nuevos productos crean nuevos mercados. Si reaccionas lo suficientemente rápido, puedes acaparar una parte de un mercado incipiente. Ejemplo: en 1975 se lanzó al mercado la primera computadora personal en alcanzar el éxito comercial, la Altair 8800. Un estudiante de Harvard decidió que vender programas de software para Altair 8800 podría ser un buen negocio. Y tenía razón. La compañía que el estudiante fundó se llamaría Microsoft, y su nombre era Bill Gates.

Habla con personas inteligentes

Hay personas que producen más ideas valiosas de las que pueden echar a andar por sí mismas. Conversa con ellas: posiblemente te compartan más que una idea (por ejemplo, una lista de clientes iniciales). Elon Musk le compartió una idea de una empresa de paneles solares a sus primos Lyndon y Peter Rive. La empresa que fundaron, SolarCity, es hoy una empresa multimillonaria que cotiza en bolsa.

Navega en internet

Hay cientos de sitios donde personas de todo el mundo comparten sus ideas y negocios. Enlisto algunos:

- **Product Hunt:** un sitio donde la comunidad de usuarios propone nuevos productos y servicios que sorprenden.
- **Beta List**: un sitio creado para quienes buscan enterarse antes que nadie de las nuevas startups para participar en las pruebas beta (de ahí el nombre) y contribuir con la retroalimentación del producto o servicio antes de que éste sea masivo.
- **Tech.eu**: excelente fuente de información para estar al tanto del mundo del emprendimiento tecnológico en Europa.
- **Sitios de fondeo colectivo o *crowdfunding***: dedica un rato a navegar por sitios como Kickstarter, Indiegogo o Fondeadora y te sorprenderás con las ideas creativas y locas que surgen por todo el mundo.
- **Alertas de Google**: una de las mejores herramientas que ha lanzado Google, te permite

configurar un sistema de alertas para que cada vez que una publicación con ciertas palabras aparezca en internet, te llegue una alerta a tu correo electrónico. Te sugiero incluir entre tus alertas tu propio nombre, así como palabras claves relacionadas con la industria que te interesa. Por ejemplo, si te interesa el sector salud, te invito a que crees una alerta con términos como "tecnología en salud" o "IA en salud".

Las ideas por sí mismas no sirven para nada

La gente piensa que el éxito empresarial depende en gran medida de una idea brillante, pero las ideas por sí mismas no valen nada. Tener un sitio especial para anotar nuevas ideas de negocio es un excelente hábito, sobre todo porque evita que nos enamoremos perdidamente de la primera idea interesante que nos venga a la mente.

Existen decenas de metodologías para validar en un par de días si tu idea de negocio tiene potencial. No pierdas tiempo y haz los experimentos necesarios para probar tu idea en el mercado.

Tener éxito en el mundo VUCA tiene poco que ver con ser el más inteligente o el más carismático, se trata más bien de atreverse a cambiar y ser resiliente.

PARTE V.
Aprender a abrazar el cambio

El cambio está aquí: abrázalo

Como me dijo Jack Ma en el World Economic Forum: *hay que abrazar el cambio.*

Solemos pensar que el cambio es algo difícil y negativo, pero no tiene por qué ser así. El cambio es normal y nuestra experiencia frente al cambio dependerá de qué tan bien la aprovechemos.

Yo misma he tenido que abrazar el cambio y reinventarme en múltiples ocasiones: de estudiante de economía pasé a estudiante de administración y mercadotecnia.

Luego fui emprendedora social e hice un gran cambio al transformarme en editora de diarios y revistas de negocios. Tras años de enfocarme en el mundo del periodismo y la comunicación, decidí hacer una transición de carrera para volver a ser emprendedora con Fuckup Nights. Ahí tuve que abrazar el cambio dentro de la organización y adaptarme a las necesidades de cada momento, ya fuera vender, coordinar una investigación o acomodar las sillas antes de un evento. Después de siete años de dedicarme profesionalmente al fracaso decidí hacer otro gran cambio en mi vida y concentrar mi energía en ayudar a la humanidad a transitar al entorno laboral de la 4RI. Sin contar que todos estos cambios me sucedieron mientras vivía en tres países diferentes.

En este momento de la historia estamos pasando por cambios exponenciales. Escribo los últimos capítulos de este libro mientras la crisis global causada por el COVID-19 nos demuestra que, como civilización y a nivel individual, somos más frágiles de lo que imaginábamos.

La tecnología está avanzando más rápido que nunca y cambia la forma en que hacemos negocios y cómo vivimos. Factores como el tamaño y la potencia de los chips, el almacenamiento de información en la nube, la inteligencia artificial y el aprendizaje automático están abriendo nuevas posibilidades. La naturaleza del trabajo cambia constantemente y la vida promedio de muchas habilidades técnicas es de tan solo cuatro años. La complejidad de las carreras está en aumento y parece que el ritmo nunca disminuye. Además, la sociedad se está transformando rápidamente por cambios demográficos, migratorios y climáticos, así como la emergencia sanitaria provocada por el COVID-19 y la crisis económica que generó.

Esa coyuntura es una de las conversaciones más interesantes que se pueden tener en la actualidad con los líderes de las áreas de "gestión de cambio" en las empresas, es decir, con las personas cuyo trabajo consiste en pensar dónde debe estar la empresa mañana, estudiar dónde está hoy e implementar una estrategia para lograr ese cambio.

Seré radicalmente honesta: algunas personas aún se encuentran en franca negación y piensan que la actual estrategia de cambio debe ser similar a la de hace 20 años. Otras personas ya notaron que ese cambio que tratan de *gestionar* nunca se detendrá. En otras palabras, las empresas tienen que pasar de gestionar el cambio *cuando es necesario* a gestionar el cambio *constante* de forma *permanente* e *ininterrumpida*.

Nuestro mundo acelerado difícilmente nos permitirá detenernos y comparar dos estados estáticos para nuestra organización. Incluso podemos decir que ese es el estado futuro ideal de la organización. Dicho estado nunca es alcanzable porque es un destino en constante movimiento y, por lo tanto, esencialmente inaccesible.

Los principios que aplican para las organizaciones aplican también para nuestra vida personal: debemos dejar de creer en el mito de que en un punto del futuro llegaremos a un cierto destino final. Necesitamos desarrollar un conjunto de prácticas y herramientas que nos permitan entender el proceso de estar vivos como un viaje de toda la vida marcado por el cambio y el crecimiento constante.

Por eso debemos replantear por completo la forma en la que gestionamos el cambio –tanto a nivel individual como organizacional– y pensar en el cambio como un proceso continuo que ocurrirá en simultáneo a una permanente transformación digital.

La buena noticia es que sí es posible desarrollar herramientas para enfrentar estas transformaciones. Si estás dispuesto a invertir un poco de esfuerzo, puedes convertir este desafío en uno de tus mayores activos. En otras palabras: abrazar el cambio es una habilidad. Requiere honestidad, autorreflexión y algo de tiempo, pero es una habilidad que puedes aprender.

La forma en que el cambio te haga sentir dependerá de ti.

Para cambiar todo, empieza cambiando un poco

Entrena tu mente

Uno de los factores por los cuales la vida moderna es tan estresante es que nuestros cuerpos no están diseñados para un mundo como éste. Nuestros sistemas biológicos fueron diseñados para épocas más sencillas. Las amenazas que enfrentaron los primeros humanos eran diferentes. Por ejemplo, en el presente es mucho menos probable que te coma un león. Sin embargo, cuando nos enfrentamos a la incertidumbre o a circunstancias que cambian rápidamente, puede ser difícil para nuestros cuerpos evaluar la amenaza de manera realista.

Rara vez enfrentamos situaciones de vida o muerte, pero nuestros cuerpos suelen reaccionar de esa manera. Entran en modo de "lucha o huida", lo que significa que nuestros sentidos se agudizan, nuestro enfoque se reduce y nos ponemos físicamente tensos, listos para entrar en acción y salir corriendo o pelear por nuestras vidas. Esa reacción innata es una estupenda técnica de supervivencia cuando tu vida realmente corre peligro; pero cuando se trata de una amenaza menos urgente (por ejemplo, cuando tu empresa aumenta el objetivo de ventas que debes alcanzar y no sabes cómo cumplir), sirve de poco que tu cuerpo entre en ese estado de lucha o huida. Es físicamente agotador y perjudicial. No es bueno tener tanto cortisol –la hormona del estrés– flotando en tu sistema durante largos periodos de tiempo.

Además, cuando tu cuerpo entra en modo de lucha o huida, se produce la visión de túnel, es decir, te enfocas tanto en la tarea en cuestión (aumentar las ventas) que pierdes objetividad, así como la capacidad de encontrar soluciones creativas o hacer conexiones inusuales de pensamiento.

Si queremos ser mentalmente ágiles y asegurarnos de tener acceso a nuestras funciones cognitivas más elevadas, tenemos que salir de ese estado. ¿Cómo se logra esto?

Empieza controlando tu respiración y haciéndola más lenta. Otra estrategia que te traerá grandes beneficios de salud e incrementará tu agilidad mental es cultivar el hábito de practicar la atención plena o *mindfulness*. Nuestro estado mental afecta nuestros cuerpos. Si estás estresado, bajarán tus defensas y probablemente terminarás con dolor de cabeza o de estómago como manifestación física de esa tensión. Cuando reducimos la velocidad de la respiración, el cuerpo entiende que no estamos en modo de lucha o huida y el sistema nervioso se calma.

En el último capítulo del libro *21 lecciones para el siglo XXI*, el autor Yuval Noah Harari nos narra su experiencia personal con la meditación. Casi por casualidad, descubrió la meditación Vipassana que, a muy grandes rasgos, consiste en centrar la atención en algo concreto, como el aire que entra y sale por la nariz, o alguna otra sensación corporal.

Tener una mente entrenada a través de la práctica de la meditación es particularmente útil si surge la necesidad de abrazar cambios abruptos e inesperados, o cuando el instinto de luchar o huir se activa como si un león estuviera rugiendo frente a nosotros. Si no estamos ante una amenaza inminente que pone en peligro nuestra integridad de forma inmediata, por lo general es mejor, como primer paso, no hacer nada y prestar atención a nuestra mente.

Sé que suena contraintuitivo, pero a veces es mejor dar un paso atrás y no tratar de manejar el problema de forma inmediata. Por ejemplo: imagina que te avisan que congelarán el presupuesto de tu proyecto o que perderás tu empleo (dos situaciones que se volvieron más comunes como consecuencia de la crisis sanitaria y económica de 2020). En cualquiera de los dos casos, lo mejor es no tomar decisiones a bote pronto. Muy a menudo, un golpe de cambio ocasiona que las emociones se aceleren. Sigue esta regla: si es posible, no tomes decisiones importantes durante al menos 24 horas después de una noticia de este tipo. Date un tiempo para que las emociones vuelvan a la normalidad y puedas analizar de manera más racional la situación y pensar en tu siguiente paso.

Practicar meditación y ejercicios de atención plena es de gran ayuda para abrazar el cambio. La agilidad mental es una forma de pensar, pero, ante todo, es una forma de usar la mente. Al usar estas técnicas, podrás desactivar más fácilmente el modo de lucha o huida para darle pausa a tu cuerpo y recuperar todo tu poder mental. Si aprendes a observar tu mente, aprenderás también a observar sus cambios, y entenderás cómo evolucionan los estados mentales.

Autoconocimiento

¿Recuerdas lo que mencioné en la introducción acerca de la vigilancia "bajo la piel"? (en contraste a la de vigilancia "sobre la piel" realizada por tecnologías de reconocimiento facial).

El análisis de información biométrica puede identificar que estás enfermo incluso antes de que te des cuenta, y también puede monitorear dónde has estado y a quién has conocido. Ese sistema podría detener cualquier epidemia en unos días. También puede identificar en qué momentos del día tienes tos o sueltas una buena carcajada. Desde luego, puede monitorear tu presión arterial y la frecuencia cardíaca mientras miras las noticias o platicas con un amigo. Una vez que una organización o gobierno tiene suficiente información biométrica puede conocernos mucho mejor que nosotros mismos, y no solo pueden predecir nuestros sentimientos sino también manipularlos y vendernos lo que quieran, ya sea un producto o un político.

En el mundo VUCA que nos tocó vivir, conocerte a ti mismo es más importante que nunca; no conocerte, en cambio, resulta extremadamente peligroso. Si no sabes quién eres y qué quieres, los algoritmos (que cada vez saben más de ti) te ofrecerán las alternativas que les plazcan e incluso decidirán los aspectos más fundamentales de tu vida.

Corporativos, gobiernos y partidos políticos invierten millones en Big Data y algoritmos para entender a los seres humanos y moldear nuestras elecciones. Si ellos entienden mejor que tú mismo tus motivaciones y temores, no estarás preparado para abrazar el cambio y tomar control de tu vida. La tecnología no es mala ni buena, es solo una herramienta, así que no dejes que controle tus decisiones.

¿Cómo desarrollar autoconocimiento? Sin importar tu edad, busca experiencias nuevas que te ayuden a aprender más sobre ti mismo. Además, estudia tu propia historia personal.

Para construir resiliencia hacia el futuro es útil recordar alguna situación pasada en la que abrazaste el cambio y aprovechaste las nuevas circunstancias para crecer. Si lo hiciste en el pasado, puedes volver a hacerlo.

Regresando a la meditación como herramienta de autoconocimiento, en *21 lecciones para el siglo XXI* Harari explica que aprendió más cosas sobre sí mismo y sobre los humanos observando sus sensaciones en un retiro de meditación de diez días que durante todos sus estudios de historia y sociología. Como dice la filosofía budista, solo hay que observar la realidad como es.

El origen del sufrimiento (y la dificultad para aceptar y aprovechar el cambio) está en la propia mente. Cuando deseamos que ocurra algo y no ocurre, generamos sufrimiento. Es una reacción de la mente.

La meditación es un método de observación de nuestra propia mente y, aunque es parte de muchas religiones, no es necesariamente una práctica religiosa. Harari dice que medita dos horas diarias y que eso le ayuda a hacer mejor las demás tareas del día. Además, recomienda meditar para conocernos a nosotros mismos y, de esa manera, prevenir que los algoritmos lo decidan por nosotros.

Busca tesoros en lo desconocido

Desde pequeños nos enseñan en la casa y escuela que debemos ser precavidos: hay que mirar a los dos lados antes de cruzar la calle, caminar con cuidado, no hablar con desconocidos.

Está bien ir por la vida poniendo atención y obedeciendo el sentido común; sin embargo, uno de los grandes errores de nuestro sistema educativo es que nos inculca la creencia de que lo desconocido equivale a peligro.

En consecuencia, mucha gente sigue caminos tradicionales: optan por ser abogados como lo fueron papá y el abuelo, continúan con el negocio familiar, se casan y tienen hijos; sin cuestionar si de verdad tienen vocación de madre o abogada.

Quienes exploran e intentan cosas diferentes son vistos como aventureros o excéntricos.

Para abrazar el cambio, tienes que atreverte a lo diferente, a explorar nuevos caminos, aprender cosas distintas y conocer gente nueva.

Quizá este nuevo entorno laboral te obligue a reinventarte drásticamente. Tus probabilidades de éxito en un proceso serán más altas si te atreves a considerar opciones diferentes a todo lo que has intentado anteriormente. Y si crees que no hay otros caminos para ti, intenta ver tu situación desde otras perspectivas y abrir la mente: vivimos en un universo de posibilidades infinitas, y nunca es tarde para intentar algo nuevo y diferente.

Un gran ejemplo de reinvención lo ofrece Harland Sanders, el fundador de Kentucky Fried Chicken (KFC). Estuvo al frente de un restaurante por primera vez a los 40 años y antes de eso fue granjero, bombero, vendedor de seguros y conductor de tranvía. A los 62 años decidió franquiciar su restaurante.

El caso de Ray Kroc es similar: trabajó toda la vida vendiendo máquinas para hacer batidos, hasta que a los 52 años compró McDonald's y la convirtió en la gran empresa que hoy conocemos.

Otro ejemplo es Jonah Peretti, quien antes de lanzar los populares sitios Buzzfeed y The Huffington Post era profesor de informática en una secundaria, o Whoopi Goldberg, quien antes de ser actriz trabajó en una funeraria maquillando cadáveres.

Para sacarle el máximo partido a la vida tienes que atreverte a crear tu propio camino en lugar de seguir el de los demás.

¿Cómo explorar rutas menos transitadas? Una forma simple y poderosa es examinar el horizonte en busca de tendencias o procurar de manera proactiva nuevas oportunidades de aprendizaje, tanto dentro como fuera de tu campo. Por ejemplo, puedes tomar cursos en línea o leer libros que podrían inspirarte.

En los últimos meses, por ejemplo, he leído libros sobre la industria aeroespacial y aves migratorias, así como la biografía de la mujer que inventó las franquicias. Ninguno de esos temas se relaciona con mi actividad profesional actual, pero ampliaron mi horizonte de pensamiento y pueden ayudarme a generar ideas innovadoras en el futuro.

Otra forma de sondear en lo desconocido en busca de tesoros es conversar con personas cuyas vidas son muy diferentes a la tuya o a la de tus amigos. Quizá te preocupe no tener nada de qué conversar con ellas, pero si cambias tu enfoque y aplicas tu agilidad mental puede ser fascinante entender cómo es la vida de alguien que vive en otro país, o en una zona rural, o que se dedica a una profesión nueva o poco común.

Lo desconocido es mejor que lo familiar porque crecemos y aprendemos más cuando estamos fuera de nuestra zona de confort. Dado que habitamos un mundo donde parece que todo ha sido explorado, es más probable encontrar tesoros ocultos en los territorios desconocidos.

Cultiva herramientas para la transición

Cuando nos encontremos con un futurista que habla del futuro como si tuviera una bola mágica de cristal, debemos ser escépticos. Nadie sabe cómo será el futuro, pero te puedo asegurar una cosa: habrá cambios profundos y sustanciales, y ocurrirán en un periodo muy breve de tiempo.

Para abrazar el cambio, hay que pensar como esos exploradores que salen en búsqueda de lo desconocido. Primero, hay que preparar bien las herramientas para el viaje: habilidades, hábitos y recursos para la agilidad mental.

Entre las herramientas que nos ayudarán a navegar mejor la transición están las que los pedagogos denominan las cuatro **C**s: pensamiento **C**rítico, **C**omunicación, **C**olaboración y **C**reatividad.

Además, hay que fortalecer el músculo de la resiliencia. ¿A quién te acercas cuando las cosas están mal? Quizá recurras a amigos cercanos, a algún compañero de trabajo de confianza o a ciertos miembros de tu familia.

Para muchas personas, el arte y la espiritualidad son fuentes de resiliencia. Quizá tienes un libro o una canción que te ayuda a mejorar tu estado de ánimo. Cuando debes abrazar el cambio puede ser difícil recordar que tienes esos recursos a la mano. Haz una lista de las personas, libros, canciones u otros recursos a los que puedes recurrir cuando los tiempos son difíciles. Ten esa lista a la mano para el futuro.

Finalmente, cuando hay mucho cambio e incertidumbre, puedes sentir que pierdes el control de tu vida. En esos casos, construir rutinas y rituales que nutran tu mente y tu cuerpo es fundamental. Por ejemplo, hacer ejercicio, escribir un diario con pensamientos de gratitud o prepararte un licuado nutritivo por la mañana. Estos hábitos y rituales te ayudarán a recordar que, a pesar de todos los cambios, muchas cosas siguen bajo tu control.

Aprendizaje justo a tiempo (o just in time)

En un mundo que cada vez se hace más VUCA, la clave para no rezagarse es aprender cosas nuevas todo el tiempo. Sé que suena abrumador –sobre todo si no disfrutabas la escuela– pero, en este momento de la historia, el aprendizaje continuo es un hábito tan importante como lavarse los dientes.

Las preguntas que me hacen con más frecuencia son: ¿cómo decido qué estudiar? y ¿por dónde empiezo?

El primer paso es conocerse a uno mismo, identificar cuáles son nuestros talentos, intereses, qué nos gusta hacer, cómo queremos contribuir al mundo y qué nos gustaría hacer a futuro.

Después, evalúa qué es lo que tienes que aprender para alcanzar ese punto. Establece objetivos de aprendizaje y diferencia entre el conocimiento general que te gustaría adquirir y las habilidades técnicas específicas.

Por conocimiento general me refiero, por ejemplo, a tendencias en inteligencia artificial o en cualquier otra industria que sea de tu interés. Cuando hablo de habilidades técnicas específicas me refiero a lenguajes de programación o técnicas para ser un mejor *coach*, mentor o líder.

Con esa información puedes crear un plan que incluya asistir a eventos, tomar cursos en línea, leer libros, escuchar *podcasts* o ver videos en YouTube.

Aquí quiero presentarte una idea que puede maximizar el impacto de tu plan de aprendizaje continuo: el aprendizaje "justo a tiempo".

El aprendizaje justo a tiempo (también conocido como *Just in time learning* o método Toyota) es un sistema creado en Japón para *organizar* la producción en las fábricas. La esencia del sistema *Just in time* es que los insumos llegan a la fábrica, o los productos llegan al cliente, "justo a tiempo", es decir, poco tiempo antes de que se usen y solo en las cantidades necesarias. De esa forma, no es necesario almacenar insumos o productos en la bodega, y se ahorra tiempo y dinero.

Ahora, traslademos ese concepto a la educación. Muchas veces, cuando estudiamos algo lo hacemos "por si llegamos a necesitarlo". En contraste, el aprendizaje "justo a tiempo" se enfoca en adquirir conocimientos justo antes de necesitarlos.

Por ejemplo, si sé que en seis meses tengo que preparar unos gráficos y en ocho meses tengo que presentarlos al director de la empresa, quizá sea buena estrategia aprender primero a usar un software como Tableau para hacer las gráficas, y luego tomar un curso sobre cómo contar historias con datos. De esa forma, los conocimientos estarán frescos y será más probable que los recuerde en el futuro. De hecho, la mejor forma de aprender algo y retener ese conocimiento es ponerlo en práctica lo antes posible.

La idea del aprendizaje "justo a tiempo" permite anticipar planes. ¿Cuáles son los principales hitos profesionales que anticipas en los próximos tres, seis o doce meses? Esto puede ayudarte a determinar el mejor momento para adquirir conocimiento.

Finalmente, es útil pensar en la mejor manera de adquirir los conocimientos relevantes, y ésta dependerá de tus preferencias de aprendizaje. Recuerda, los denominados "estilos de aprendizaje" son una trampa; investigaciones han demostrado que todas las personas poseemos todos los estilos de aprendizaje. Sin embargo, tenemos preferencias por ciertas formas de aprender en función de nuestras experiencias. Por esta razón, es mejor hablar de "preferencias de aprendizaje" y no de "estilos de aprendizaje".

Ya que seguramente tienes múltiples preferencias de aprendizaje, te sugiero que cuando quieras aprender algo, busques hacerlo por medios múltiples: cursos presenciales y en línea, *podcasts*, videos, experiencias, libros, etc.

Elimina las etiquetas del pasado

Todo cambio verdadero empieza por el interior; por eso, el primer paso para abrazar el cambio viene de adentro: tienes que romper con el pasado y recordar que tú eres lo que eliges ser hoy en día, no lo que elegiste ser antes.

El cambio no va a parar y el mundo jamás volverá a ser lo que fue. Sin embargo, muchas personas siguen aferrándose al pasado y poniéndose etiquetas que los limitan. Dicen: "Así soy yo", "No tengo talento para aprender idiomas", "La tecnología no es lo mío", o "Solo soy bueno para una cosa".

Date cuenta si estás usando estas etiquetas como excusas para no adaptarte al cambio, para no mejorar y aprender cosas nuevas, o para no ser feliz.

Las etiquetas que te pones vienen de un pasado que ya no existe. Intenta cambiar tu lenguaje. En lugar de decir "Así soy yo", mejor di "Así he elegido ser, pero sé que puedo cambiar".

Lo mismo ocurre con la identidad profesional, es decir, con las etiquetas laborales que nos colgamos. Para maximizar tu salud mental y desarrollar resiliencia al cambio, debes entender que eres mucho más que tu identidad profesional. Incluso si amas lo que haces, no pienses en ti mismo de forma tan limitada. Las personas sanas y con una fuerte capacidad de recuperación mental tienen dos o más identidades positivas de manera adicional a su identidad profesional. Además de tu trabajo, puedes desarrollar tu identidad como padre, voluntario, amante de las aves o cualquier cosa que te haga feliz. Desarrolla nuevas identidades: así, si una de ellas se ve amenazada, te perjudicará menos y será más fácil ver que la reinvención personal es posible.

La identidad es lo opuesto de la posibilidad.

Maneja la preocupación acerca del futuro

Mientras escribo este libro, a inicios de 2020, la humanidad se encuentra ante un momento que se narrará en los libros de historia como uno de los más complejos de la historia reciente. Enfrentamos una triple crisis: sanitaria, económica y moral.

Esa crisis triple, sumada a los rápidos cambios laborales impulsados por la tecnología, son fuente de angustia. De hecho, debo confesar que en 2016, cuando empecé a leer investigaciones sobre cómo será el futuro laboral, me quedé paralizada por la preocupación. Afortunadamente, sé que la mejor forma de hacerle frente a la preocupación es transformándola en una ocupación, es decir, en actividades concretas que atiendan aquello que me preocupa.

Quizá tú también te has preocupado por este motivo. Comprendo que puede ser angustiante pensar en un mundo VUCA en el que habrá que estar aprendiendo todo el tiempo a riesgo de quedar obsoletos; un mundo en el que, en algún punto, es muy probable que terminemos trabajando de forma freelance y uniéndonos a la *gig economy*. Esas son perspectivas que quizá nuestros abuelos nunca tuvieron que considerar. Son realidades contemporáneas que pueden ser fuente de una preocupación paralizante. Sin embargo, no tiene por qué ser así: es absolutamente normal sentir preocupación, pero no es sano quedar paralizado por la misma.

Recuerda: sentirte mal o preocuparte no cambia tu futuro, y el mejor remedio contra la preocupación es la acción. Si estás pensando obsesivamente en algo que te preocupa, haz una lista de las acciones que realizarás para atacar la causa de tus preocupaciones.

La preocupación no elimina las penas del mañana, solo mina la fuerza del presente.

No seas víctima de la postergación

Una de las principales características que distingue a la 4RI de las tres anteriores es que la velocidad de cambio es mucho mayor; por eso, postergar lo importante hoy es más peligroso que nunca.

Todos postergamos actividades de vez en cuando; sin embargo, si esto te ocurre con demasiada frecuencia, o si identificas actividades que has postergado desde hace meses o años, quizá ha llegado el momento de que pienses con seriedad qué estás evadiendo en realidad con esa postergación.

Lo que te define como persona son tus acciones, no lo que dices y menos aún lo que los demás dicen de ti. Una de las lecciones del 2020 es que la vida es muy corta; si sigues postergando lo importante, será cada vez más difícil que aumentes tu capacidad de responder con agilidad ante el cambio.

El momento de abrazar el cambio es hoy.

Conclusiones

El futuro se ha hecho presente

Cuando empecé a escribir este libro nunca imaginé que en el proceso de crearlo el mundo cambiaría de una forma tan drástica.

Todo cambió y yo también cambié. Ahora estoy más preocupada que antes por la desigualdad y la polarización, pues si no tomamos las decisiones correctas, 2020 será el primer año en este siglo que aumentará el número de personas viviendo en situación de pobreza.

Un análisis realizado por investigadores del King's College de Londres y la Universidad Nacional de Australia, con el apoyo del United Nations University World Institute for Development Economics Research, advierte que la contracción económica causada por COVID-19 podría llevar a 500 millones de personas a vivir por debajo de la línea de pobreza, esto es ¡8 por ciento de la población de la Tierra!

Sin embargo, no puedo abandonar el optimismo. Ahora tenemos más conocimiento, datos y tecnología que nunca. Hemos usado el método científico para entender qué políticas públicas promueven el desarrollo social y sustentable. Sabemos lo importantes que son la educación y la salud para salir de la pobreza.

A diferencia de pandemias pasadas, ahora tenemos tecnología que nos permite aumentar nuestra capacidad de tomar decisiones e influir en el mundo. Desde luego, la tecnología será una fuerza disruptiva que generará nuevas preguntas sobre la relación entre humanos y máquinas.

Tal como lo hizo internet hace 20 años, la revolución de la inteligencia artificial transformará la forma en la que trabajamos y generará nuevos ramos de negocio que impulsarán el crecimiento económico. Si hoy tomamos las decisiones correctas, la tecnología aumentará la capacidad humana y podremos dedicar más tiempo a las tareas creativas, colaborativas, complejas y de resolución de problemas que las máquinas y la automatización no son capaces de emular.

A medida que avance la tecnología, sin embargo, los trabajadores con menos educación y menos habilidades estarán en desventaja. Los gobiernos deben evitar la precarización laboral y las empresas deben adaptarse a la naturaleza cambiante del trabajo y dedicar buena parte de sus esfuerzos a capacitar a las personas para los trabajos del mañana. El desarrollo del talento, el aprendizaje a lo largo de toda la vida y la reinvención profesional serán fundamentales para que los negocios del futuro se mantengan a flote.

Para la mayoría de las personas, imaginar un futuro en el que los robots y las computadoras pueden realizar muchos de los trabajos que hoy hacemos los humanos es una fuente de angustia y preocupación. No obstante, la historia está de nuestro lado: cada ola tecnológica del pasado terminó creando más empleos de los que destruyó. Pero no solo generaron trabajos: las revoluciones tecnológicas incidieron en el aumento de la esperanza de vida, la productividad y el crecimiento económico. Sin embargo, muchos temen que los cambios de los próximos años sean tan rápidos y avasalladores, y su impactos tan desiguales y perturbadores, que puedan amenazar no solo los medios de vida de los individuos sino también la estabilidad de la sociedad misma.

Este resultado no es inevitable, ni debe ser el motor para nuestras acciones en lo individual y lo colectivo. Ya el filósofo italiano Franco "Bifo" Berardi, en su crónica y meditación sobre la crisis de la expansión del COVID-19 en Italia[7], relata lo que un amigo matemático le escribe por correo electrónico: "todos los recursos superinformáticos están comprometidos para encontrar el antídoto al coronavirus". La historia nos ha demostrado que la acción deliberada y coordinada es exactamente lo que allanó el camino para las transiciones en el pasado.

El futuro está aquí y se nos ha presentado en su forma esencial: como un cambio global. El futuro se ha hecho presente y está en nuestras manos: es momento de usar la tecnología a nuestro favor, como un instrumento benéfico para nuestra sobrevivencia como especie. Para nuestro bienestar. Para nuestro presente y futuro como humanidad.

En momentos como éste, lleno de cambios, reto de fondo es que gane la cooperación internacional sobre el individualismo, que creemos reglas para evitar la acumulación de la riqueza en manos de unas cuantas personas y que aprendamos a compartir, a vivir con empatía y a usar la tecnología para maximizar el bienestar humano.

Como dijo la cantante argentina Mercedes Sosa en su canción Todo cambia:

Cambia lo superficial
Cambia también lo profundo
Cambia el modo de pensar
Cambia todo en este mundo
Cambia el clima con los años
Cambia el pastor su rebaño
Y así como todo cambia
Que yo cambie no es extraño

---

[7] "Crónica de la psicodeflación", publicada originalmente en el portal Nero en marzo de 2020 y, en español, traducida por Emilio Sadier.

Glosario del cambio

algoritmo

En computación, un programa que opera bajo un conjunto finito de instrucciones o secuencias, con una entrada (input) y una salida (output). En su definición más amplia puede comparársele con operaciones aritméticas o hasta recetas de cocina, pero en el campo computacional se le usa para programar, automatizar funciones, calcular y medir datos, y hasta predecir resultados o combinaciones.

análisis de datos

Conjunto de técnicas para la interpretación de datos en grandes volúmenes. En los sectores empresariales, son útiles para identificar puntos de valor y definir estrategias, obtener promedios y datos estadísticos, identificar patrones y evaluar resultados.

aprendizaje automático

La habilidad de aprendizaje de las máquinas, diseñada para que éstas aprendan con la experiencia y sean capaces de mejorar su desempeño por sí solas. Se relaciona con la inteligencia artificial, y constituye una herramienta útil para el procesamiento de datos en una variedad de industrias (médica, financiera, gubernamental, digital, etcétera).

automatización

Proceso mediante el cual las máquinas ejecutan tareas sin la intervención humana. Su objetivo es lograr una mayor eficiencia en las operaciones, lo que a menudo implica que, en paralelo a su aplicación, se prescinda de la labor humana durante varias o todas las fases de la operación.

big data

Datos digitales producidos en grandes volúmenes, a grandes velocidades y con múltiples variables; por ejemplo, los que los usuarios generan en las redes sociales por minuto. Para procesar tales cantidades de información son necesarios programas y herramientas especiales, además de sistemas de almacenamiento como la nube.

blockchain

Las cadenas de bloques contienen información cifrada que solo puede compartirse y modificarse a través de una red de nodos independientes, que juntos forman una cadena. En lugar de que ciertos procesos (como las transferencias de dinero) se lleven a cabo por medio de intermediarios (como los bancos), en las cadenas de bloques se requiere la aprobación de todos los nodos, y las operaciones son irreversibles. Se ha popularizado en el mercado del bitcoin.

capital humano

Término que, en la cultural empresarial, ha reemplazado el de recursos humanos, es decir, la fuerza de trabajo de una organización. En su definición más ejemplar se refiere a la suma total y orgánica del valor individual de cada empleado. También se le llama de esta manera a las estrategias e inversiones enfocadas en reclutar, capacitar y retener a los empleados de una organización, como un modo de acelerar la productividad en general.

codificación de mercados

Proceso mediante el cual los datos se convierten o traducen en sistemas, lenguajes o códigos pretedeterminados. El futuro de diversas industrias o mercados apunta a la codificación de la información o datos que se generan en su interior.

competencias digitales

Una competencia incopora capacidades previas a una habilidad adquirida, a fin de trascender el mero conocimiento y transformarlo en productividad, eficiencia y ejecución exitosa del trabajo. Las competencias digitales, por lo tanto, complejizan las facultades necesarias para hacer uso de las tecnologías digitales, y se clasifican de acuerdo a sus objetivos o resultados en áreas que van de la resolución de problemas a la filtración de datos y la creación de contenidos. Las competencias digitales permiten a los ciudadanos apropiarse de los datos y su interpretación, generar redes y canales de comunicación, democratizar la información, además de practicar varios modos de ciudadanía.

computacionalismo

Teoría cognitiva que compara las funciones o procesos
cerebrales humanos con aquellos de una máquina o
computadora, equiparándolos a una serie de algoritmos
o cálculos.

costos hundidos

Los costos pasados, e irrecuperables, que no tienen
injerencia o influencia sobre costos futuros, es decir, que
no pueden reinvertirse. No suelen tomarse en cuenta en
la toma de decisiones sobre futuras inversiones.

economía digital

Economía basada en la tecnología digital y operaciones
efectuadas por internet. Se refiere además a la
infraestructura digital, los negocios y el comercio en
línea, de manera que atraviesa toda clase de procesos y
está interconectada, cada vez más frecuentemente, con
la economía tradicional.

economía on demand

La transformación del mercado laboral que, mediante el
principio de oferta y demanda en bienes y servicios, ha
facilitado la expansión de un tipo de autoempleo que
hace uso de las plataformas digitales para ofrecerse y
obtenerse (Uber es el ejemplo más conocido de esta
tendencia laboral). También se le conoce como
economía compartida, o gig economy.

fixed mindset

Sistema de pensamiento que concibe ciertas
habilidades o comportamientos como fijos e inalterables,

anulando u obstaculizando la capacidad de aprendizaje futuro. El término fue acuñado por la psicóloga Carol Dweck, de la Universidad de Stanford, que lo contrapone al growth mindset, o mentalidad de crecimiento, la cual confía en el desarrollo de habilidades futuras.

gestión del cambio

Conjunto de acciones orientadas al cambio o transformación en las operaciones de una organización. Para lograr una exitosa adaptación al cambio, ciertas estrategias e instrumentos se vuelven necesarios. La administración de estos elementos -diagnóstico, recursos, adaptabilidad, aprendizaje, preparación, entrenamiento, ejecución, planificación, entre otros- se conoce como gestión del cambio.

gig economy

En el slang musical estadounidense, un gig es un concierto, breve y esporádico, que los músicos de la clase trabajadora consiguen de vez en cuando. Trasladado al mercado laboral actual, la gig economy alude a las labores autónomas, ligadas a la oferta y demanda de servicios a través de plataformas digitales, que efectúan trabajadores independientes, o freelance. Ver economía on demand.

Inteligencia artificial, AI

Inteligencia o capacidad de razonamiento propia de las máquinas. Desde un punto de vista práctico, se refiere a los avances tecnológicos y la creciente sofisticación de las máquinas, así como la industria que las explota. A nivel teórico, dado que especula con la capacidad de aprendizaje y adaptación de las máquinas, así como para adquirir y efectuar habilidades humanas, la Inteligencia Artificial suscita discusiones éticas, médicas y sobre el futuro del mercado laboral.

internet de las cosas

Se refiere a los dispositivos (cosas) que tienen la capacidad de conectarse a internet y, por tanto, de compartir datos entre sí. El término fue acuñado por el científico Kevin Ashton, mientras trabajaba en un proyecto de etiquetas de identificación de frecuencia y sensores en productos de Procter & Gamble, en 1999. Entre los objetos que conforman el internet de las cosas se encuentran desde dispositivos inteligentes (relojes, electrodomésticos, televisiones) hasta tarjetas bancarias.

learnability

Es la capacidad de aprendizaje constante, no solo la capacidad sino la disposición para adquirir nuevas habilidades y expandir el campo de conocimientos. Se considera una habilidad esencial para el trabajo del futuro, dado que el trabajador debe adaptarse a las nuevas herramientas y adquirir los conocimientos necesarios para efectuar las funciones que requieran.

mimetismo

Capacidad de imitación, camuflaje y copiado. Referido a la Inteligencia Artificial, alude a la capacidad de las máquinas de simular las funciones de la mente humana, en especial su creatividad e independencia.

mindfulness

El neologismo, comúnmente trasladado al español como atención plena, se refiere a un estado mental que se concentra en el momento presente. Las prácticas asociadas con el mindfulness, que toman elementos prestados del budismo y otras tradiciones religiosas y de relajación, exigen una atención profunda a los pensamientos y sensaciones que aparecen, de manera simultánea, tanto al interior del individuo como a su alrededor, en el plano físico.

pensamiento crítico/sistémico

Un tipo de pensamiento que atraviesa categorías y es capaz de formularse en distintos niveles, anudando varios conocimientos o saberes. El pensamiento crítico o sistémico disecta razonamientos y argumentos, usando la lógica pero no solamente: echa mano de restos de experiencia y sensibilidades culturales o afectivas, características de la inteligencia humana que oponen resistencia a la IA.

revolución industrial, RI

La invención de la máquina de vapor marca el inicio de la primera Revolución Industrial: la transformación social, política y económica que trajo consigo el uso extendido de las máquinas en los procesos de trabajo. La segunda RI, a mitad del siglo XIX, unió capitalismo y tecnología, acelerando el crecimiento de ciudades e industrias como las del transporte. Más recientemente, la Revolución Científico-Técnica, RCT, se apoya de las tecnologías inteligentes y asociadas al internet, y

requiere habilidades más calificadas de sus
trabajadores. La 4RI estará forzosamente relacionada
con la Inteligencia Artificial.

startup

Empresa en su estado embrional, también conocida
como emergente o pequeña empresa innovadora. Por lo
general, durante esta fase se encuentra en la búsqueda
o definición de un esquema de financiamiento y modelo
de negocio, y su operación así como viabilidad aún
están en suspenso.

tecnocracia

Tipo de gobierno basado en el método científico como
forma de ejercer política: los asuntos de administración
pública se dejan en mano de técnicos y expertos en
diversos sectores.

Bibliografía

Chin, Aimee, Chinhui Juhn y Peter Thompson. "Technical Change and the Demand for Skills during the Second Industrial Revolution: Evidence from the Merchant Marine, 1891-1912." *The Review of Economics and Statistics* 88, no. 3 (2006): 572–78.

Gasca, L. Et al, "Shaping the Future of Work". Global Shapers Community (2020)

Pleijt, Alexandra de, Alessandro Nuvolari y Jacob Weisdorf. "Human Capital Formation during the First Industrial Revolution: Evidence from the Use of Steam Engines." *VoxEU.Org* (blog), 20 de octubre, 2018. https://voxeu.org/article/human-capital-formation-during-first-industrial-revolution.

Liu, Yujia, y Grusky, David B. "The Payoff to Skill in the Third Industrial Revolution." *American Journal of Sociology* 118, no. 5 (2013): 1330–74. https://doi.org/10.1086/669498.

Pittenger, David. "Measuring the MBTI … and coming up short." *Journal of Career Planning and Employment.* (1993). http://www.indiana.edu/~jobtalk/HRMWebsite/hrm/articles/develop/mbti.pdf

www.ingramcontent.com/pod-product-compliance
Lightning Source LLC
Chambersburg PA
CBHW020911160726
47993CB00005B/1923